43
Kyoto
Old House
Cafes

京都咖啡店的历史与味道

在43座古建筑里喝咖啡

[日]川口叶子 著　王筱卉 译

華中科技大學出版社
http://press.hust.edu.cn
中国·武汉
有书至美
BOOK & BEAUTY

前 言

在京都古建筑里的咖啡馆小坐，这样的体验总让我们着迷。究其原因，并不仅仅是因为咖啡馆独特的风格。

据说京町家[1]成形于江户[2]中期，其精致讲究的形态，是京都工商业者的经济实力和手艺工匠高超技术珠联璧合的杰作。随着对町家构造的深入了解，我越来越感受到京都所孕育出的深厚的生活文化。

比如，坪庭[3]和被称为“通庭”的土间，是为了引入凉风，缓解夏日酷暑的智慧结晶。

再比如，将光线和风引入室内的窗户格子，其多样的形态大致是由这个家主人的职业决定的。

在纱线店、绸缎店等从事纤维生意的商家窗户上，安装了缩短上部长度的纱线店格子，一方面，为了采光充分，另一方面，也为了看清纱线颜色。酒坊安装的是即使酒桶撞上去也不会损坏的粗壮结实的酒坊格子。木炭店使用的是间距更窄、防止炭灰飞到外面的木炭店格子。

而且，格子还具有从室内可以看到外面，从外面却很难窥见室内的保护隐私和防范犯罪的功能，真是尽善尽美。

1 京町家：町家是日本民居建筑的典型代表，它整体形态细长，是城市中从事工商业家庭的商住结合的建筑形式。京町家即京都的町家，多位于工商业发达的商业街区，大多也是店宅一体的形式，外部通常安装窗户格子、虫笼窗、犬矢来等建筑元素（本书无特别标示的注释均为译注）。

2 江户时代：1603—1868年。

3 坪庭：建在家宅里面的小庭院，除了美观，还可改善狭小房屋的采光、通风等问题。

何为京都古建筑里的咖啡馆

在京都市制定的条例*中，京町家的定义是“在1950年《建筑基准法》实施以前建造的木结构建筑，其具有传统的建筑构造，以及产生于城市生活的构思或形态”。

综合以上信息，本书对古建筑里的咖啡馆的定义是“把建后50年以上的建筑改变用途或改造再生而成的咖啡馆”。所谓“改变用途”，是指在原本因其他目的而建的古建筑中，发现其作为咖啡馆无可替代的价值，为其注入全新的生命力。

京都没有遭遇过大地震或大空袭，这很容易让人们以为古建筑还悉数保留着。然而遗憾的是，由于江户时代的三场大火，很多珍贵的寺庙、神社、民房都已消失。现在尚存于京都市的大多数町家中，据说最古老的町家也不过是1864年“元治大火”以后，也就是从幕府末期[1]到明治时代[2]建造的。

尽管如此，京都百年建筑之多，仍是东京望尘莫及的。衷心期待您能光顾本书介绍的古建筑中的咖啡馆、町家咖啡馆。如果您能在品尝咖啡的过程中，感受到今昔风景相互交融所形成的新的生活趣味，就再好不过了。

川口叶子

* 2017年制定的《京都市京町家保全及继承条例》(《京町家条例》)。

1 幕府末期：江户幕府统治的末期时代，通常指从1853年“黑船事件”到1868年戊辰战争爆发的时间段。

2 明治时代：1868—1912年。

目录

* 本书介绍的咖啡馆信息截至2021年4月有效。此后因疫情等原因可能出现变化，请在光顾前登录各官网、社交网站（SNS）等确认最新信息。
* 部分咖啡馆的结束点餐时间等同于闭店时间，部分则不是。

※寺町李青（载于第132页）已关门停业。为了记录下这家优雅的咖啡馆，本书仍保留关于它的内容。

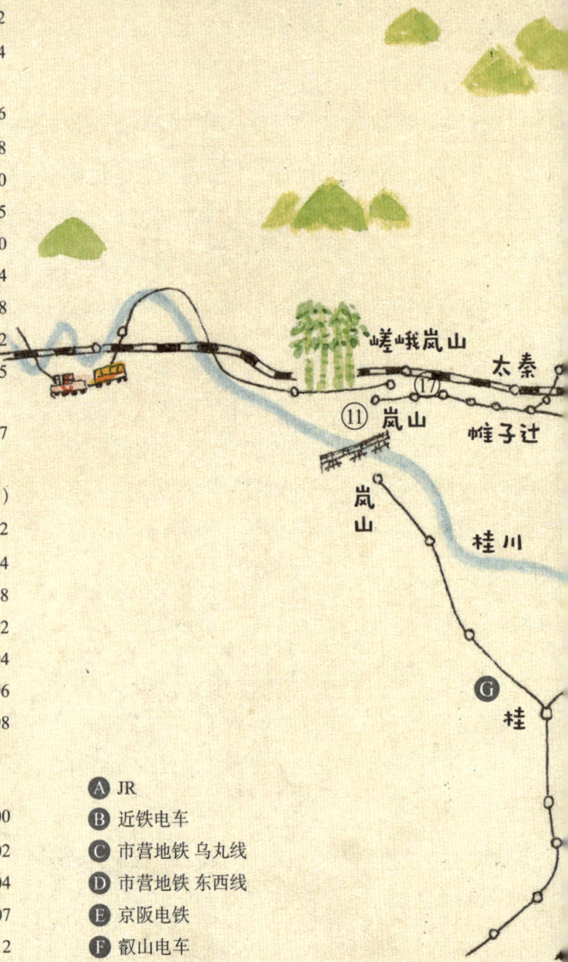

A JR
B 近铁电车
C 市营地铁 乌丸线
D 市营地铁 东西线
E 京阪电铁
F 叡山电车
G 阪急电铁
H 岚电（京福电铁）

京都古建筑中的咖啡馆地图

MAP

第1章

听茶香

本章将向您介绍荡漾着茶香的古建筑里的咖啡馆。就像香道讲究『听香』一样，让我们也侧起耳朵，『倾听』古建筑里缕缕的茶香和久远的故事吧！

1

冬夏

在清净悠闲的品茶时间里
感受百年民宅的呼吸

寺町丸太町

左页/丹麦设计师尼尔斯·O. 穆勒（Niels O. Moller）设计的椅子。

本页/从中庭眺望艺术陈列室“日日”。陈列室以展示生活日用品为主，擅长利用树皮质感制作漆器的手工艺家仁城义胜（Yoshikatsu Ninjou）的作品也在其中。仁城义胜制作漆器时并不遵循通常的“分工制”方式，而是从干燥木材到其他工序都亲自完成。店主在日常生活中也喜爱使用他的作品。

店里备有自家独创的混合茶叶，可搭配日式生点心[1]、冬季从奥村夫人的丈夫艾尔玛的故乡德国寄来的坚果蛋糕以及有机可可饮品等。身为饮食指导师的奥村夫人一直格外珍视人与人之间因食而生的交流，店里使用的都是值得信赖的供应商提供的食材。

1 日式生点心：指做成后水分含量在30%以上，无法长期保存的日式点心。

富于变化的室内光影是传统日本家屋的一大魅力。从玄关拉门射进来的光线随着时间的流淌在墙壁和地板上不断移位。

游览京都的时候，在不经意间会意识到种种结界[1]的存在。有圣与俗、晴与亵[2]的结界，还有宽松的、尚不至于将生客拒之门外的熟人介绍制的结界。

冬日的早晨，当我伫立在“冬夏”门外时，也感到了小小的结界。高高的板墙和露出墙头的松树守护着大门，坐落在门里的是日本画画家西村五云曾居住过的百年日式家宅。

这样闯进去会不会太唐突？一尘不染的玄关散发出不凡的品位，让我心生犹豫。当我迟疑着拉开店门，店员随即笑盈盈地迎出来，暖融融的空气瞬间将我包围。

这里是饮食指导师奥村文绘和她的德国丈夫艾尔玛•瓦内迈尔开设的艺术陈列室和茶室。他们在改造这个房屋时，很重视继承在漫长岁月中积淀下来的历史和传统意匠，仅对局部空间进行了有限的修补。

据说，过去京都的每条街巷都住着建筑工匠和造园师，他们像当地的专职医生一样照料着各家各户的房屋和庭院。奥村夫妇也通过这次房屋改造，切身感受到了附近工匠和专营店的诚信。

我脱下鞋，来到玄关左手边的屋里品尝茶和点心。只见足够宽大的栃木桌台搭配着北欧风格的椅子，白色的热气从水壶嘴里袅袅升起，水是取自下御灵神社的水井。

茶叶的第一煎和第二煎由店员完成。在注入热水的宝瓶[3]里，茶叶慢慢舒展。店员挺直腰板，双手握住宝瓶，全神贯注地把控着焖蒸的时间。

1 结界：佛教术语。指建立一定的区域范围，用于神圣的事。

2 “圣与俗”原为宗教社会学的概念，指将神圣的事物作为人们敬畏的对象，要通过各种禁忌加以保护，与日常俗世远远隔离。“晴与亵”中的“晴”指特别的、不同于日常的仪式，常用于指代婚礼、节庆、盛典等，与之相对的“亵”指日常的、普通的仪式。“晴与亵”也推而广之用于公与私、特别与日常的对比。

3 宝瓶：为了充分引出玉露或上等煎茶的美味而制作的没有提手的茶壶。

栏间[1]、雪见拉窗、木框拉门等都是古宅原有的物件。

我静静欣赏着眼前这一连串娴熟的动作，不知不觉地渐渐沉浸于不同以往的时间里。沏茶人忘我的集中力犹如舒缓的波纹一般，在空气中泛起层层涟漪，我也不禁深深呼吸，心神随之沉静下来。

“我们有‘心静于茶’的说法。”店员微笑道。

茶叶是奥村从滋贺县朝宫的无农药农园等地采购来的。据说在平安时代，僧侣最澄从中国唐朝带回茶种并播种在朝宫，朝宫因此成为日本茶叶的发祥地。无论是茶室还是陈列室，店主夫妇都选择与日本的生活根源相通的物品，或是在自然风土及传统文化领域耕耘的艺术家创作的日用器物，意在传播它们的魅力。

在与这些作品共处的个把小时里，许多客人都感到内心自然平静下来。谈及原因，奥村的一席话令人难忘。

“或许因为这里的物品虽然经人手制作，但材料都是取自于自然吧！比如这个茶筒是用树干做的，那个盛器是用泥土做的。据说人的身体一旦感受到巨大的时间体系存在，就能放松下来。人们每天都生活在匆忙的节奏里，必须做的事情很多，其实从容而无限广阔的时间之流就近在咫尺。”

生生不息的百年家宅，门窗用数十年树龄的木头制作。它们以博大而沉静的“呼吸”把人们包裹起来。

为了保持房屋和庭院的美观，每日辛勤的养护必不可少。“我总能感到来自房屋的督促——‘可不许懈怠呦’。”奥村说。

家宅里寄宿着生命。人们在对古宅持续养护的过程中，与它的默契也必将不断加深。

1 栏间：在日式房间的拉门和房顶之间的开口设计，主要用于通风、采光、装饰等。

menu（含税）

asatsuyu煎茶（2020年）1900日元
saemidori煎茶（2020年）2000日元
zairai釜炒茶（2019年）1900日元
※当日食用的日式生点心及带可可的餐品均随季节更换。

冬夏

京都市上京区信富町298
电话：075-254-7533
11:00—18:00（17:30结束点餐）
周二休息
京阪电铁“神宫丸太町”站下车，徒步10分钟。

茶室的名字来自成语“冬夏青青”，出自《庄子》，其含义是期望茶室能像松树等常绿树一样保持四季常青的姿态，同时也比喻任何时候都不动摇的信念。二楼是奥村的事务所“foodelco”。

2

茂庵

在市中山居品味
大正时代的风雅

吉田山

咖啡馆“茂庵”由坐落在大片茶苑中的食堂楼改建而成，始建者是大正时代的实业家谷川茂次郎。作为京都市记录在册的有形文化遗产，这座建筑被评价为“极富趣味，独具匠心”。春秋两季时，它总是早早就客满，雨天才难得一日清静。我向店长询问最佳的观赏季节，他说：“梅雨季时屋外一片新绿，有时候比室内还明亮。”我真想找机会领略一下新绿之光笼罩下的“茂庵”啊！

登顶“茂庵”的散步路线有很多条，而我独荐从神乐冈路走石阶上山这条路线。沿途既可远眺散布在林间的静悄悄的茶室，又可欣赏四季迥异的风景。

“茂庵”坐落在紧邻京都大学东侧的吉田山顶。平缓的石阶从山脚绵延而上。一个秋日的清晨，我登上第一级石阶，便被“茂庵”风雅的文化氛围深深吸引。

常绿树与红叶交相辉映，铜板屋顶的民房整齐地排列在半山腰。这些民房是“茂庵”原来的家主谷川茂次郎建造的高级住宅群，在大正[1]末期竣工后，其成为京都大学的教员和一些文化人士的住所。

我迈上最后一级石阶，穿过绿色的拱门，倏然间便置身于一片森林之中，鸟儿鸣啼与树叶摩擦的声音不断传入耳畔。这里当真是京都市内吗？正当我如此怀疑之时，一颗橡子从头顶落下，咕噜噜滚到脚旁。

“市中山居”，我又想起这句茶道用语。“茂庵”正是隐身于喧嚣都市的深山草庵啊！

“茂庵”的建筑既让人联想到高雅的神社寺院，又有充满大胆的“玩心”设计的部分，所以它是一个混合体。店长高桥幸世说：“天花板、地板和窗户都保持着大正时代刚建成的模样。专家推断，这很可能是在传统的和式建筑里加入了当时刚传入日本的洋式建筑元素，然后建造者一边试验木匠师傅的技艺一边建造的。”

房屋四面带窗，无论从哪一面向外眺望，都充满情趣。想必昔日受邀来参加茶会的客人们都在此尽情领略了美景吧！

身为实业家的谷川茂次郎是一位造诣颇深的茶道爱好者。他曾在吉田山

1 大正时代：1912—1926年。

这家为挽救知名建筑而开业的咖啡馆一楼是厨房和等候区，二楼是咖啡区。天花板和地板都铺着桧木，让人联想到山间小屋。

中建造了八间茶室及食堂楼，举办茶会招待客人。第二次世界大战结束后，此地封闭达数十年之久，茶室也只剩两间。茂次郎之孙即现任老板怀着留住珍贵老建筑的愿望，改造了食堂楼，2001年，其作为咖啡馆开业。馆名“茂庵”正是茂次郎的雅号。

当我们在咖啡馆里消遣放松的时候，也许未曾想到，此刻所享受的正是昔日风流雅士的丰厚馈赠啊！

menu（含税）

咖啡 560日元
柚子汁 660日元
戚风蛋糕 470日元
热三明治 900日元
皮塔饼三明治（两种口味）1400日元

茂庵

京都市左京区吉田神乐冈町8
电话：075-761-2100
11:30—18:00（17:00结束点餐）
每周一、二休息（遇节假日营业）
※年底、年初休息，8月17-31日夏季休馆
JR及其他线路“京都”站下车，乘大巴车29分钟（或更长），“净土寺”或“银阁寺道”站下车，徒步15分钟。

3

听香处

在鸠居堂新店边听香边品茶小憩

寺町通二条

● menu（含税）

香木伽罗（附煎茶、点心）1600日元

香木沉香（附煎茶、点心）1000日元

热玉露茶配法式巧克力特林蛋糕（chocolate terrine）[1] 800日元

热玉露茶配马卡龙 600日元

● 听香处

京都市中京区寺町通二条下妙满寺前町464

电话：075-231-0510

11:00—17:45（17:00结束点餐）

无定休日（1月1日~3日休息）

地铁东西线“京都市役所前”站下车，徒步3分钟。

鸠居堂创建于江户时代，作为熏香及和纸制品的专卖店，它从古至今一直沿袭着优雅的传统文化。2018年，新店“听香处”在寺町通开业，客人可以在店内的喫茶空间，一边放松身心，一边体验听香的乐趣。

在香道的世界里，“闻香”被称为“听香”，也就是像欣赏音乐那样，聚精会神地用耳朵凝听轻轻升起的香木芳华。

听香套餐由“一保堂茶铺”的煎茶、点心及香木组成。香木有两种可选，一种是高雅的沉香；另一种是香气甘美玄妙，被誉为沉香极品的伽罗。

“对香味的喜好是非常私人的事，人与人之间的差别之大，甚至超过人们对食物的偏好。”

店员边说边把电子香炉托在掌心上，向我讲解听香的方法。

我按照店员讲授的要领，用右手轻轻盖住香炉，试着从指间慢慢吸入香气。转瞬之间，我脑袋里的焦虑念想消失得无影无踪，伽罗香气从鼻腔沁入心脾，让五感都活跃起来。我随即闭上双眼，深深呼吸。在如此反复的过程中，怀旧的记忆似乎与对未来的憧憬合为一体。

在有百年历史的町家度过如此芬芳馥郁的时光再合适不过了。在改建房屋时，设计师表示：“改建不宜用力过猛，最好只在正中间放一张白桌子，完工后让人们觉得什么都没变动。”于是，在这个保留着过去记忆的黑色空间里，摆上了让人联想到即将到来的未来的素白色桌子。

1 巧克力特林蛋糕（chocolate terrine），此处“特林”是“terrine”的音译，“terrine”在法语中指在特定的容器中制作的肉酱、肉冻。之所以叫特林蛋糕，一是因为其形状类似法式肉酱的砖形，二是因为特林蛋糕是用巧克力甘纳许制作，且不含面粉，所以口感细腻丝滑，与法式肉酱的口感很相似。

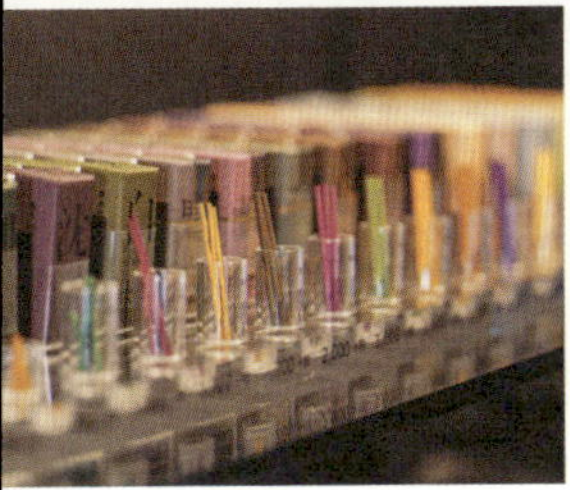

店内摆放着日常生活中方便实用的线香，还有极富鸠居堂特色的应季明信片和手帕等。想体验听香的客人，可以去面向坪庭的喫茶空间。听香套餐里的茶点包含用大德寺纳豆制作的马卡龙、加入花椒的法式巧克力特林蛋糕等，均出自入选《米其林指南》的法餐名店“MOTOÏ”。

4

间 —MA—

在大正时代的木炭批发店里，度过品味当代茶文化的短暂时光

东寺

在五重塔高高耸立的东寺以南，保留着一座大正末期建造的町家。我走进并无醒目招牌的店门，来到弥漫着老旅店气息的玄关外间。这里的陈设乍看十分传统，其实却不乏打破常规束缚的感性创作。比如，将厚重的碗橱上下分解，重新组装成桌台等。

房屋自建成以来，约百年间一直作为木炭批发店和当铺使用。直到酒井俊明发现了它，和伙伴们一起实施了改建，改建的主题是“继承”。2019年，展现新派日本茶文化的综合设施“间”开业了。

拉开玄关的门，进入茶屋，我的目光立刻被翻修后的梯井吸引。那显然不是一整面墙体，而是用收集来的废旧门窗纵向摞起数层组合而成的巨大墙面。长长的房梁仍旧原封不动地保留在旁边。真是叹为观止的设计！

酒井说道：“茶道是涵盖美术、工艺等多种门类的综合艺术。”营造富于表现力的空间无疑也是乐趣之一。

“间”还与形形色色的创作主体合作，尝试各种以茶为核心的新趣味，比如制作以日本茶为原料的香水，请点心工匠研发佐酒的和式点心，举办各种主题活动等。

我坐在椅子上，饶有兴致地细细品味三款茗茶。

“我很在意以茶为核心的新趣味的分寸。”听着酒井的话，我眼前浮现出一片淡绿色的湖水，一滴晶莹的水珠落在平静的湖面上，泛起层层涟漪，徐徐散向远方。

左页/坪庭后面还有茶室和旧书店。"茶妙"是把茶水浇在"雪平"（一种用年糕裹上核桃黑糖馅制成的和式点心）上做成的甜品。

右/"屋顶上的房梁最长的有8米，这也算是洛外[※1]特色了。若是在洛中[※2]搬运这么长的木料，在路上都转不了弯。"酒井说。

● menu（不含税）

茶（可从百余种日本茶中任选）
1000日元
抹茶（浓）附日式点心 1000日元
抹茶（薄）附日式点心 1500日元
茶品三味 2500日元
茶泡饭 1500日元
日本茶套餐 5000日元

● 间

京都市南区西九条比永城町59
电话：075-748-6198
11:00—17:00
每周三休息+不定期休息
（预约优先）
近铁"东寺"站下车，徒步5分钟。

※1 洛外：京都市周边地区。（作者注）
※2 洛中：京都市中心。（作者注）

5

aotake

悠然散发着茶香的
超百年古民宅

七条河原町

左页上/搭配日本茶的甜品“豆腐白玉”惹人怜爱，口感黏糯。

上/田中对木地板的选择也同样一丝不苟。她觉得大多数房屋使用的宽幅地板与这里的壁龛纤细的风格不匹配，便去旧町家的拆解工地拿到了出让的窄幅地板。

在大路的拐角处，我与梦幻一般的光景不期而遇。高楼之间，一座古朴的宅院隐身其中。院子前面的篱笆上，一大片洁白无瑕的花朵争相怒放，仿若一面淡雅的花墙，路面也铺满无数散落下来的花瓣。我走过去，凑近花朵，一阵浓郁的山茶花香令人陶醉，我不禁闭上了双眼。

宅院里立着一块字牌——七条佛所迹。原来，这个场所从平安时代[1]到镰仓时代[2]，一直是多位佛像雕刻师的居所兼工作室，运庆、快庆等名家也诞生于此。我看罢文字介绍，沿着板墙继续前行，“aotake”的入口出现在面前。

我在小小的玄关换下鞋，进入室内。房间固然古旧，却给人以不可思议的精致美感。为何会有这样的感觉呢？

1 平安时代：日本古代的一个历史时期，约从8世纪末期到12世纪末期。

2 镰仓时代：日本古代的一个历史时期，约从12世纪末期到14世纪30年代。

环视四周，只见短走廊的踢脚线处、房间壁龛的横梁上都安装着间接照明，以若隐若现的灯光微微照亮地板和土墙。在面向庭院的拉门上部，还镶嵌着磨砂玻璃，其巧妙地遮挡外界的视线。改建者对房屋的爱护之心不言自明。

“这个家宅是大正元年作为出租房建造的。相邻的主屋据说是明治时代的建筑。”店主田中贵子以干脆的口吻告诉我。

田中通过她所在的“古材文化会”，遇见了这个已空置20年的房屋。房东希望这座古老的木建筑能保存下来并重获新生。在得到房东的许可之后，田中亲自对建筑进行了全面改建。

“土墙已经老化，前代住户为了防止土质脱落，用和纸把整面墙全包上了。我试着剥下和纸，发现裸露出来的墙壁很有韵味，便没有重新涂刷，只对局部做了修补。”

田中告诉我，“那些在城市开发中幸免被拆的旧町家，现在大多是老年人的独居处。一旦老人去世，房屋就难逃被拆解的命运。养护传统的木建筑，包括费用在内确实困难重重，但是即便如此，也要想办法把它们留下来。”

下/二楼天花板上保留着大正元年的上梁记牌。

menu（含税）

和式红茶 天空月露 1100日元

大吉岭次摘茶 1200日元

手摘玉露茶（附小点心）1300日元

三味豆腐白玉+红茶 1350日元

戚风蛋糕+红茶 1400日元

aotake

京都市下京区材木町485

电话：070-2287-6866

11:00—18:00（17:30结束点餐）

每周二、三休息

JR及其他各线“京都”站下车，徒步10分钟。

我一面听田中介绍，一面愉悦地享用日本茶和点心。餐单上列出了多种甄选的名品红茶、日本茶，并搭配了口味相宜的点心。每种茶的第一煎都由田中亲自在客人面前冲泡完成。在这个保留着现已罕见的精致木工艺的古民宅里，茶的美味越发浓厚醇香。

第2章

生活的记忆

江户时代的村长之家，代代相传的家宅，京都市电[1]使用过的工务小楼……本章将带领您共同去追寻遥远的时代记忆。

6 （无名店）

建于江户时代的大德寺武士之家

紫竹

1 京都市电：京都市交通局运营的有轨电车系统。

阳光越过檐廊照进屋里，与流淌的时间在地板上同步移行。

“熟人在旧民宅里开了一家喫茶店。”“好日居”※1店主慢条斯理地说。

“宅院是家族世代居住的，开业以来没有店名也没有招牌，您若是有兴趣不妨去看看。”

……没有店名？

面对疑问重重的我，“好日居”店主报以微笑，只把确认店铺地点和营业时间的方法告诉了我。在这种时候，她总是没有一句多余的话，只提供给我充分、必要的信息。

在探访日本各地喫茶空间的漫长旅程中，我曾渴望过在第一时间发现新咖啡店或深藏不露的喫茶店，然而随着时间的流逝，这种欲望渐渐远去，我不再刻意寻找，取而代之的是好好珍惜不期而遇的缘分，将情感静静注入喜爱的事物中去。

于是数周以后，我才来到这家喫茶店。我站在白色暖帘低垂的玄关前，立刻被房屋泰然自若的姿态深深打动。竹篱笆里的南天竹缀满红彤彤的果实，穿过树叶缝隙的光影在暖帘上翩翩起舞，二楼的虫笼窗[1]别具风格。这是一个不刻意讨好、用温暖的笑容迎接客人的家。

我进而移步室内。空间之宽敞、梯井吊顶之高挑都超出想象，让我十分惊讶。大概这就是洛北特色吧，它完全不同于洛中的小户町家，小户町家与邻家屋檐连成一片，给人一种被牢固守护起来的感觉。

下单的咖啡和烘焙点心相当美味，我趁势向这位独自打理一切的女店主正式打了招呼，并询问她这个家的来历。

“听说这个建筑原本是文化四年※2给派驻到大德寺的武士建造的家宅。我的先祖是大德寺的木匠，不过他继承这个家的来龙去脉我也不清楚。”她说。后来我询问了她的名字——橘沙织。

也就是说，家宅至少是从210年前京町家刚好出现的时候，一直传续到现在的。

“怎么没有店名？”

“是为了不想让大家从网上找到，所以故意藏起来。我希望只有知道这里的客人和附近的住户光顾。”小橘的口吻在轻描淡写中透出坚决。

※1 见下篇（p33，作者注）

※2 1807年（作者注）

1 虫笼窗：京町家外观的构成元素。通常装在二楼，呈竖条格子形，上涂白石灰，主要功能是通风和采光，同时也具有立体美感。因形似饲养昆虫的竹篾笼子而得名。

这座珍贵的建筑保留着1807年建造的主体结构，是京都市记录在册的有形文化遗产。12月的午后，大门两侧装饰着祇园祭使用的日式粽子和正月新年使用的佛手柑。

上/自然光从坪庭照进厨房。

右/洗涤台上贴着颇具昭和时代风格的淡蓝色瓷砖。花瓣状的排水口也很可爱。

“房屋窗户少，室内比较昏暗。不过也因此才察觉到，仅有的照进屋里的日光竟如此美丽。每天我都默默观察着光线在屋里的移动变化。”小橘说。

左下/用六曜社地下店独创的混合咖啡豆制作的咖啡以及自家烘制的小甜点套餐。小甜点包括黑糖曲奇、柚子蛋糕、糖衣杏仁蛋白霜等，它们口感丰富，香甜美味。

我想更详细地了解这家店，后来又再次拜访。

小橘在东京长大。过去舅祖父在这里居住时，她借哥哥过十三诣[1]的机会初次造访，当时给她留下了关于这个家的最初记忆。

“最后一代家主是祖母的弟弟。”她说。

这位家主在15年前去世，家宅随即被翻建，作为展廊出租了大约10年。2020年，小橘来到京都工作后接管了家宅，开了这家喫茶店。

撤去展廊转开喫茶店是为什么呢？

“因为我希望有形形色色的人在这个家里‘停留’。”她说。

原来如此。家的生命力并不是有人住就可以持续，而是只有人们在这里幸福愉快地生活时，家才会生出温度，才会焕发生命力，长久地存续下去。这大概就是“停留”的意义吧！

小橘还是个地道的“喫茶人”。自从迁居京都以来，她便养成了没有什么特别目的、下班也去自烘咖啡店“六曜社”小坐的习惯。她深谙去喫茶店消磨闲暇时间的魅力。

小橘店里用的当然也是六曜社地下店的奥野修提供的独创混合豆。“为了不折损豆子的美味，我在萃取咖啡时有意识地只给予适度的‘引导’。要安静到豆子自己还没反应过来，咖啡已经完成了。”

小橘说一切都要以“不折损”为宗旨，包括对所继承的江户时代的家屋，她也要怀着深深的敬意。

“木材也好，水池的瓷砖也好，所有的物件都比我年龄大，所以就让我这个晚辈来打扫吧！”她说。

随后，我也尝试在这个空间里专注地“停留”了一会儿。

阳光穿过格子门的空隙洒落到土间[2]里，产生强烈的光影反差。斑驳的树影在暖帘上婆娑起舞，美得令人心生怜惜。若是能将这个时刻结晶永存该多好啊。我思忖至此，嘴里的蛋白酥被上颌“喀嚓”一声咬碎了。

● **menu**（含税）

热咖啡 450日元

各种烘焙点心 300日元

●（无名店）

京都市北区紫竹一带

无电话

挂出暖帘即为营业

地铁乌丸线“北大路”站下车，徒步16分钟。

1 十三诣：也叫“十三参”，是发源于京都的文化仪式。在阴历三月十三日（现往后推了一个月，定为阳历的4月13日），虚岁满13岁的少男少女要穿着和服，去神社参拜掌管智慧的虚空藏菩萨，祈求赐予智慧。

2 土间：古代日本民家，特别是农家常见的空间，是居住者进入家屋后，可以穿鞋行走的空间，和现在的玄关有相似之处。土间多为水泥、瓷砖或混凝土地面，主要用途为放置锅灶做饭、修理农具或供买卖行商以及和邻居聊天的场所。

随季节及活动主题而不断变化的店内布置也是乐趣之一。

7

好日居

大正时代独门住宅里的绝妙茶香

冈崎

冈崎街头被沉静悠然的气氛笼罩着，这一带汇聚了许多美术馆和历史悠久的神社和寺院。由大正时代的独门住宅改建的“好日居”，就静静伫立在旧板墙绵延的幽雅小巷里。

店主横山晴美是一级建筑师。她在友人的帮助下，翻修了这个30年无人居住的废屋，在屋里备上洗涤心垢的茗茶，接待登门造访的客人。

我初次来店是在2008年春天，那时这里刚刚开业。“还没准备好哟”，横山边洒水边对我说，然而宅院雅致的姿态已彻底征服了我。

玄关右手边有一间白色石灰墙的洋式房间，貌似是昔日会客用的。在现代的住宅理念里，这种专为来客准备的房间已被视为无用之物而不再设置。

在稍许昏暗的和室后面，有一个面向坪庭的房间。房间里，一些从远方运来的物件一起沐浴在淡淡的阳光下，它们有的从海外来到日本，有的从古坟时代[1]穿越时空来到当代。铺在地面上的大谷石产自栃木县，是横山亲赴产地，协助工人共同开采的。

抹茶和点心盛放在绿松石色的器皿里。这套器皿是横山去乌兹别克斯坦旅行时遇见的。在我津津有味地品茶、吃点心的时间里，横山讲述了她和这个家不可思议的缘分。

这里曾是破损严重的空房。横山说第一眼没怎么被这间空房吸引，但无意间看到了窗户玻璃上精心修缮过的痕迹。

左/放在水泥地上的木质旧冰箱。

右页/这天，大门口摆出了好似大祓[2]时使用的茅轮。或许其中潜藏着穿过茅轮就能驱除厄运和疾病的心愿吧！这个茅轮原本是在诙谐有趣的虚拟民族主题活动“轮族展”时使用的。

1 古坟时代：日本继弥生时代之后的历史时期，约始于3世纪下半期，迄于6世纪，因统治者大量营建古坟而得名。

2 大祓：每年6月30日和12月31日，在日本神社举行的为人们祛除罪恶和污秽的仪式。6月的大祓也叫“夏越之祓”，在仪式上会摆放茅草做的轮状物，即茅轮。人们从茅轮中穿过，寓意驱除半年来的疾病和罪恶。

茶

原来最后住在这里的人们，在每日生活之余仍然坚持认真地修缮房屋。想到这里，她的心被触动了。

一个被精心维护的家屋里，必定住着温暖可亲的灵魂。横山在租借房屋前后发生的故事，俨然就像房屋为了召唤她，亲自安排好各种巧合，让旅程、人物和相遇都重合得天衣无缝。

横山利用工作的间隙，不辞辛劳地完成了房屋改建。她运用近乎失传的传统方法铺装玄关的水泥地，给洋式房间的墙壁涂上灰泥，还一丝不苟地修补了和式房间里的墙壁和天花板，原料用的也是柿漆和红壳[1]等古老的天然涂料。

随着改建一天天推进，在这个家里接待客人的想法浮现出来。和客人们一同去弥补过去30年的空白，不正是自己的职责吗？

此后十几年里，好日居每逢举办应季茶会或主题聚会，都会相应改变店内的陈设布置。在这样的过程中，它不断成长进步，成为一家吸引众多客人远道而来的人气店。我每次造访这里，总能感到家宅里的空气变得越来越浑厚温润，一如店主的为人。

某年6月举行的“萤之茶事”是一个以萤火虫为主题的“玩心”四溢的小型茶会。日落前，在装饰着紫斑风铃草的房间里，一块缝制成门帘样子的旧蚊帐被高高挂起。客人们被引入只有零星微光的黑暗空间里，品尝的第一杯饮品是冰抹茶。抹茶表面漂浮着内饰黄色栀子花蕊的冰块，意在让人联想到池塘里的萤火虫忽明忽暗的光亮。搭配饮品的茶点是当季限定的薄冰[2]——“萤”。

1 红壳：一种以氧化铁为主的红色颜料。
2 薄冰：一种日式点心的名称，形似薄冰碎片。制作方法是在糯米做成的薄煎饼上，涂抹用和三盆砂糖、蛋白等做成的糖蜜，再切成梯形或长方形等形状进行热处理。

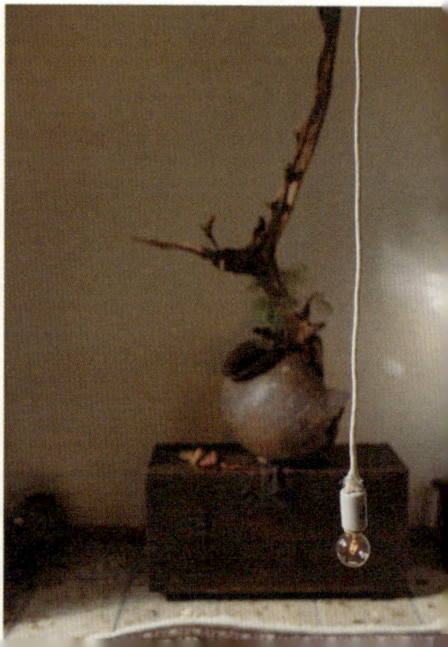

日暮时分，萤火虫开始在店铺周边的空中穿梭飞舞。待茶会结束后，客人们便移步附近的水渠散步，同时捕捉萤火虫。

无论是初次拜访时神经稍许绷紧的珍贵经历，还是多次拜访后从容自在的美好体验，都将如珍宝一般镌刻在来访者的记忆里。

● menu（不含税）

中国云南省 母树生茶 2000日元不等
中国云南省 普洱老砖茶 2500日元不等
应季中国茶 1200日元不等
随性之茶（需预约）1000日元
随性茶果 300日元

● 好日居

京都市左京区冈崎圆胜寺町91
电话：075-761-5511
14:00—18:00
不定期休息
地铁东西线“东山”站下车，
徒步7分钟。

横山希望客人们能通过到访“好日居”，感受到“今天是个好日子”。为此她每天清早打来清澈的泉水，备好沁心的茗茶，以平和沉稳的心境泡茶。饮过三巡，随着茶水味道的改变，“似乎能感觉到在品茶的同时，也品味着时间”。横山说，“也有的客人说喜欢第七泡、第八泡的味道，这也正是从第一泡、第二泡慢慢品味过来的缘故啊！”

8 开化堂咖啡（Kaikado Café）

时隔40年复苏的
京都市电[1]车库兼事务所

七条河原町

1927年建造的旧京都市电“旧内滨架线执勤所”是记录在册的有形文化遗产。

1 京都市电：始于1895年，是京都市交通局运营的有轨电车，也是日本最早的有轨电车系统，1978年废止。

下左上/手冲咖啡配红豆黄油吐司。咖啡豆使用的是开化堂第五代会长钟爱的烘焙专家中川鄂(NAKAGAWA WANI)家的产品。在麦香浓郁的吐司上涂满红豆馅的红豆黄油吐司是店内名品，吐司和豆馅分别来自HANAKAGO和人气名店中村制馅所。

下左下/店门的把手是过去电车上用的刹车手柄。

在柜台前制作咖啡的店员身边，放着一个我从未见过的铜制容器。店员萃取完咖啡后，迅速将滤杯移到容器上。尚未滴尽的咖啡滴入容器中，直到最后一滴。

“容器正是为了这个用途特别定制的。”店长川口清高对我说。

开化堂[1]特制的咖啡器具精美绝伦。大大小小的铜制咖啡筒摆放在柜台后面的墙柜里，泛着柔和的光芒。作为制作茶筒的老字号，开化堂一直以精湛的品质备受尊崇。如今，店主能以如此柔软的姿态“跨界”造物，着实令人钦佩。

“开化堂咖啡”（Kaikado Café）是开化堂2016年开设的咖啡店，店面由旧京都市电的老建筑改造而成。“直到50年前，有轨电车一直从这个窗口前驶过。”川口说。高高架起的电车线有时会发生断线事故，于是在1927年，这座小楼作为修复事故的保护线路设施被建造。

“是不是觉得天花板很高？那是因为一楼要停放事故维修车。二层则是事务所和夜班室。”

20世纪70年代，随着京都市电被废止，这座建筑也完成了历史使命。可是它并没有被拆毁或改为他用，而是闲置了40年之久，成为近乎奇迹一般的时代遗产。

现在，京町家改建成咖啡馆等设施的机会有所增加，然而像这样的小楼房，却难免被拆除，是开化堂把“留住这座街边小建筑”的想法变成了现实。

1 开化堂：明治八年（1875年）创立于京都，是日本历史悠久的纯手工制作茶筒的老字号。

由丹麦设计工作室“OEO”完成的室内装修颇具现代感，将有90余年历史的朴素窗框以及斑驳的涂鸦痕迹衬托得魅力倍增。由开化堂工匠亲手制作的铜制灯罩挂在店内，向柜台和墙壁投下柔和的光束。

餐具和家具低调地使用了京都的各种传统工艺品。作为能切身感受其造物之精妙的场所，“开化堂咖啡”无疑是最佳的选择。

开化堂自明治八年（1875年）创立以来，始终坚持以手工方式制作茶筒。旗下新店“开化堂咖啡”集中使用了技艺精湛的京都工匠制作的食器等日用器物，为展示京都的传统工艺品发挥着重要作用。店内使用的茶杯是宇治的“朝日烧”，杯口为方便饮用做成了椭圆形。盛放甜品的木质食器来自木桶工匠品牌“中川木工艺”，刀叉出自创作竹艺品牌“公长齐小菅”，咖啡过滤器由“金网Tsuji”（Kanaami-Tsuji）出品。

● **menu**（含税）

开化堂混合咖啡 850日元

开化堂早餐 850日元

应季茗茶 900日元不等

红豆夹心甜品套餐 1250日元

红豆黄油吐司套餐 1300日元

● **开化堂咖啡**（Kaikado Café）

京都市下京区河原町通七条上住吉町352

电话：075-353-5668

11:00—18:30（18:00结束点餐）

每周四及每月第一个周三休息（有夏休，年底、年初休）

京阪电铁“七条”站下车，徒步5分钟。

9

在120年历史的町家聆听潺潺水声

茶与酒 举带（TASUKI）PASS THE BATON

祇园

● menu（不含税）
抹茶（淡味）800日元
焙茶 700日元
抹茶蜜（附炼乳）1100日元
应季刨冰 1300日元不等
当日和式点心配茶 1300日元

● 茶与酒 举带（TASUKI）PASS THE BATON 京都店
京都市东山区末吉町77-6
电话：075-531-2700
11:00—19:00（18:30结束点餐）
不定期休息
京阪电铁“祇园四条”站下车，徒步5分钟。

左页上/超过120年历史的2层建筑。建筑背面挂着暖帘，暖帘后的阴影处还摆着原来的门牌。

左页右下/刨冰经典口味“抹茶蜜炼乳”使用的是产自京都的优质抹茶。刨冰每个月都推出新口味，巧克力香橙、海盐焦糖等都已登场。“当日和式点心配茶”中的日本茶是从京都老字号茶园或东京的新锐人气店订购的。

走过横跨在祇园白川上的小桥，就是超过120年历史的町家入口。

清晨飘然而至的细雨，将桥面浸润得湿漉漉的。我走在桥上，途中驻足观赏溪畔的红叶风情。正在此时，耳畔意外地响起了轰隆隆的溪流声。“下过雨后，流水声有时会很响。”店长川又对我说道。

走到魅力无限的过桥路尽头，茶与酒 举带（TASUKI）PASS THE BATON 京都店展现在眼前。这座古老的町家经过一番重新设计，已变成了二手精品店。

走进店里，可以发现这里并不陈列名牌商品，而是将曾经被珍爱的物品，附上之前所有者的介绍及轶事，传递给下一个人。这种“珍惜已有物，创造新价值”的经营理念，在店内随处都可以感受得到。

这个亦古亦今的空间由Wonderwall设计公司的片山正通（Masamichi Katayama）设计。经过时代洗礼的日式家具与摩登感十足的玻璃墙形成绝妙对比。通向后门的小路和梯井上还挂着形态各异的灯笼。

在面朝白川的房间里，有一个视野开阔的喫茶处。不过它深受客人喜爱的原因，并不单单因为窗外的美景。那些每月换新且创意十足的刨冰，才是吸引粉丝排起长队的真正奥秘。当然，盛放刨冰的精美器皿也功不可没。

不负“接力棒”（PASS THE BATON）的店名，这个喫茶处不仅墙壁上装饰着来自旧町家屋顶的瓦片，地上还铺着学校体育馆的老地板，它还通过令人垂涎的美食吸引着年轻人反复光顾，将接力的举带[1]稳稳地传向了下一代。

1 举带：原指为了防止和服袖子碍事，将袖子束起在背上斜十字交叉，再绕过两肩系上的带子。现在则常指从单肩斜挎至腰间的环状带子，常在长距离接力赛中代替接力棒使用，也用于广告宣传等。

10

SARASA西阵

浴池建筑之花！陶醉于马约利卡瓷砖极致的色彩之美

西阵

menu（含税）

咖啡 550日元
欧蕾咖啡 580日元
苹果核桃蛋糕 550日元
SARASA煎蛋卷三明治 1080日元
午间套餐 1080日元

SARASA 西阵

京都市北区紫野东藤森町11-1
电话：075-432-5075
12:00—22:00（21:00结束点餐）
不定期休息
地铁乌丸线“鞍马口”站下车，徒步10分钟。

带锁的鞋柜门。以看似不经意的装饰，营造出逼真的浴池风情。

咖啡馆“SARASA西阵”坐落在一栋有90年历史的气派的老建筑里。这里过去一直是一家豪华的洗浴场所。对于这个空间，我猜想来访的客人会发出三度惊讶。

首度惊讶于建筑外观的独特风格。在大门正上方的墙壁上，挂着一个凸起的唐破风[1]屋檐，造型威严得仿佛寺庙建筑一般。屋檐之上，大量工艺繁复的装饰设计清晰可见，见证了昔日一流宫殿木匠的高超技艺。

进入室内，铺满整个墙面的马约利卡瓷砖，一定会让客人第二度惊讶。以玫瑰粉和深绿为基调的艳丽色彩，以及凹凸有致的立体花纹布满每一寸视野，带来极致的感官享受。据说，马约利卡瓷砖在日本的生产期大约从大正时代到昭和[2]初期。

之所以能兴建如此奢华的浴池，并且持续经营到平成时代[3]，大概缘于这一带曾作为“西阵织物”的产地，在历史上极尽繁盛吧！

仔细观察，可见墙壁较低的位置上，等距排列着若干小洞，原来这里是安装水龙头的地方。我眼前不禁浮现出昔日昭和时代的光景，潇洒倜傥的富贵公子们清早来洗晨浴，让自己更显容光焕发。手工劳动者们则在下工后来到这里，洗去一天的辛劳与疲惫。

尽管目光几乎已被瓷砖完全吸引，但只要仰头看看房顶，就会收获第三度惊讶。从瓦楞的铁皮墙壁以上，到高高的天花板之间，形成了一个敞亮的四方空间，这正是浴场的标志性设计。实际上，当时使用的大浴池现在还保留在地板底下。

亮点不计其数，仅仅造访一次怎么也看不完。我品尝着各种自制蛋糕和咖啡稍事休息，又把印迹斑斑的番台[4]暗自扫视了一遍。

1 唐破风：一种圆弧形的日本传统建筑造型，常见于寺庙等建筑的正门或侧窗上方。
2 昭和时代：1926—1989年。
3 平成时代：1989—2019年。
4 番台：特指为收费或值班而设在浴池、杂技场等设施门口的高柜台。

浴池“藤之森汤”于1930年开业，是注册的日本有形文化遗产。1999年停业后，次年以咖啡馆的形式再度开业，这家咖啡馆便是“SARASA西阵”。附近同一业主管理的浴池“船冈温泉”还在继续营业。和“SARASA西阵”一样，船冈温泉也凭借优美的唐破风造型和铺满马约利卡瓷砖的华美建筑，成为浴室文化爱好者的巡礼地，同时也是注册的日本有形文化遗产。在光顾咖啡馆之后，泡个自在的热水澡也是件惬意的事啊！

11

210年历史的村长之家
茅草屋顶的存在感令人折服

面包、意式浓缩咖啡与岚山庭园

● **menu（含税）**
意式浓缩咖啡 350日元
卡布奇诺 500日元
早午茶套餐（松）2300日元
餐盘套餐（竹）1700日元
帕尼尼套餐（梅）1300日元

● **面包、意式浓缩咖啡与岚山庭园**
京都市右京区嵯峨天龙寺芒马场町45-15
电话：075-366-6850
8:00—18:00（17:00结束点餐）
不定期休息
岚山本线电车“岚山”站下车，徒步5分钟。

小林家旧宅，1809年建于今京都府南丹市农村，1979年耗时三年移建至岚山。移建后的家宅为歇山式屋顶，东侧的土间让人联想到町家。只不过京町家通常是平入式，而此处是妻入式（若将细长的瑞士卷蛋糕看作房屋，玄关设在断面呈“の”字边的是妻入式，设在长边的是平入式）。

当我乘坐岚山本线电车到达“面包、意式浓缩咖啡与岚山庭园”时，清早微阴的天色已彻底转晴，天空也愈加高远了。

这家人气面包店从东京的表参道起家，2019年店主将新店开到了岚山。凭借身为京都指定有形文化遗产的优美建筑，以及唯有这里才能尝到的美味的面包及套餐，新店迅速引起关注，成为当地的热门话题。

咖啡店所在的建筑是江户后期建造的小林家旧宅，紧邻庭园的面包烘焙坊则是由昭和时代的2层古民宅改造而成的。

当我站在茅草屋顶下，近距离地观察屋顶，随即被剪切得整整齐齐的茅草所折服，并体会到一种不同寻常的厚重感。那是密密实实地铺盖到屋顶最高处的茅草之重，是制作屋顶所耗费的时间之重，也是支撑屋顶的主体结构的承载之重。

我从明亮的屋外钻过宽大的暖帘，来到稍显幽暗的店里。

我在窗边的矮桌前落座，决定点一份“早午茶套餐”。店家准备了松、竹、梅三个品种，贪吃的我毫不犹豫地选择了双层食架的“松”。

上层餐盘里摆放着法式咸蛋糕、水果三明治、可露丽等，下层则是店家拿手的面包组合，有五款之多。我一边静静地品尝，一边隔着檐廊欣赏庭院里的苔藓。

据说小林家在江户时代曾担任村长之职，莫非墙上那好似刀架一样的东西，就是当时享受持刀特权的证明？茅草屋顶下，各种想象在我脑海中慢慢浮现。

左/使用有机咖啡豆调制的咖啡和焦香脆皮咬起来咯吱作响的布丁。

下/走上二楼座席，可见樱花树的枝条直伸到触手可及的地方。难怪常来这家店的客人都说“很不想让别人知道这里”。

12

喫茶 上

在高濑川梦见花筏浮樱[1]时节

木屋町

在诱发人探险欲望的深巷一角，我发现了“喫茶 上”这家咖啡店小巧可爱的暖帘。

高濑川畔成行的樱树枝丫繁茂。沿河川向东延伸的木屋町路熙来攘往，充满市井活力，然而西侧的西木屋町路却好像一条鲜有人知的隐秘小道，弥漫着潮湿阴暗的气息。

在这条狭窄的小道里，伫立着一座昭和初期建造的小型2层长屋[2]，有多家商铺入驻其中，“喫茶 上”便是其中一家。

进入店内，我坐上布垫，一边眺望河面泛起的层层涟漪，一边品尝店家制作的咖啡和甜品。

“这里一直是空房，我们租下时已破旧不堪。”店主横路夫妇向我描述道。据说当时二楼天花板完全脱落，地板已腐朽，好似一座幽灵屋。

1 花筏浮樱：指盛开后落入水中的樱花瓣随水流汇成一大片，好像木筏飘在水中的样子。

2 长屋：一种传统的日本住宅形式，多户住宅在水平方向并排连在一起，每户都有单独通向外部的玄关或通道，以保持各户的独立性。

● menu（含税）
咖啡 500日元
爱尔兰咖啡 700日元
迷你铜锣烧 150日元
黄油豆馅吐司 350日元
热三明治 500日元

●喫茶 上
京都市下京区西木屋町通佛光寺上市之町260
无电话
11:00—21:00
周三、四休息
阪急“京都河原町”站下车，徒步5分钟。

建筑原本是火锅店，停业后改建成民居，窗框都被换成了铝合金的。

横路夫妇对经历岁月洗礼的小街巷情有独钟。为了复原建筑原有的风貌，他们收集旧木框等建材，从多治见市订购瓷砖，将房屋改造成了富有昭和气息的空间。

横路说，过去一直住在这里的人们似乎并没有觉察到房子的价值。对此，他感到很意外。

“最近这几年，城市面貌不断改变，京都街道特有的魅力已经所剩无几了。昔日美好的京都，只保留在一家家的店铺里。”

比如坂本龙马[1]所钟爱的鸡肉火锅店，就是将江户时代的记忆传续到现在的典范。“好店铺会把城市的记忆保存下来。”我在心里的名言集上记下了这句话。

1 坂本龙马（1836—1867年）：日本明治维新时代的维新志士，倒幕运动指导者。

13

Salon de KANBAYASHI

在大正时代的宅邸品味主人的审美情趣

八坂神社

左页/黄昏时分，望楼栋的灯光与对面的树木相映生辉。

下/下午茶以气泡酒开始。随后端上桌的是寄意八坂塔的五段食盒，盒内点心的组合颇为讲究，既有仿效枯山水形态、以高品质焙茶为原料的提拉米苏，也有用发酵黄油制作的牛角面包等咸味餐点等，这家店为避免口味单一下足了功夫。饮品有特制的煎茶和果味茶等，皆可续杯。

介绍这座优雅的宅邸时，若话题仅限于建筑、庭园和下午茶，未免意犹未尽。我还想关注的是，大正及昭和时代的人们是怀着怎样的心志参与这座宅邸的建造及维护的。

比如，生活在那个时代的实业家们，他们所构想的豪华宅邸计划，从施工到养护都要耗费人力，于是就有雇用工匠的需求，并且还要为工匠们提供多年的生计支持。

再比如，为了宅邸的十年、百年计划默默奠基的花匠们。他们无缘亲眼看到树苗长成参天大树，唯有将未来托付给后辈，向他们传授知识技术。

“第二次世界大战以前的豪绅、富商们用兴建高级住宅、庭园的方式，为工匠们提供稳定的就业，因此才培养出技艺精湛的名工，让他们的后代子孙都能有一技之长。”

经理初田智这番话令我深受震撼。我由此想到了“贵族义务”（Noblesse oblige）这个词。

“赤金度假地”（AKAGANE RESORT）坐落在八坂塔畔，它的前身是一座奢华的宅邸，面积达700坪[1]，1925年由一位铜制品加工行业的实业家建造。“AKAGANE”在日语里指赤金，即铜的意思。宅邸于2013年被改建，此后其作为餐厅招待过很多宾客。

2015年，餐厅与京都宇治的老字号茶铺“上林春松本店”合作，将仓库改造成咖啡店，取名“Salon de KANBAYASHI”。在厚约两尺（约60厘米）的石灰白墙守护的空间里，客人们可以轻松地享受点心及应季日本茶或咖啡。

最后，我还想满怀热情地推荐这里的下午茶，它被安排在一个很特别的场所。客人先被引至一座绿树红叶相映成趣的庭园，随后踩着脚踏石，来到一座名为“望楼栋”的2层独立建筑。请您在这座秀美的大正时期的建筑与精致的庭园景观交相辉映的地方，尽情享用美妙的下午茶吧！

menu（含税）

咖啡 770日元
独创混合茶（煎茶）770日元
抹茶歌剧院蛋糕 枯山水 935日元
牛角三明治等 880日元
下午茶 4000日元

Salon de KANBAYASHI

京都市东山区下河原通高台寺塔之前上金园町400-1
AKAGANE RESORT KYOTO HIGASHIYAMA 1925内
电话：075-551-3633
11:30—17:00
周二休息（周六、日及节假日不定期休息）
京阪电铁“祇园四条”站下车，徒步12分钟。

1 坪：日本土地面积单位，1坪约等于3.3平方米。

上/望楼栋一楼。每个房间都保留着用薄木片编成的天花板、圆形窗户及花头窗等。

下/用铜制雨水管模仿竹子的形态设计，待铜管生出绿色的锈迹后，便形似青竹一般，真是将时间也计算在内的巧妙构思啊！

吉田山庄正馆一楼的房间“月”。在此可以观赏庭院的风景。

第3章

旅人的记忆

从古至今，京都一直是吸引日本全国各地旅人光顾的地方。本章将向您介绍以前曾是旅馆的咖啡馆以及带有住宿设施的咖啡馆。

14

咖啡真古馆

继承旧皇族典雅文化的料理旅馆

吉田

午后的吉田山庄空气清新爽快，四周安静得能听到鸟儿啼啭的余音。置身在这样的地方，我感觉像是进到了一个晶莹剔透的水晶球里。

随咖啡和蛋糕一起被送到餐桌上的，还有一张写有和歌的和纸。

那是变体假名的草体书法，运笔流畅秀丽。真高雅啊！我不禁在心头涌起感动。然而却也叹惋几乎读不懂它，莫不是包含着“竟无一粒籽”※之类的含义吧？

我拿起和纸，注意到背面用小字写着和歌的读音和大意，真是诚挚而精心的待客之道。

“币帛未曾带，匆匆羁旅程。满山枫似锦，权可献神灵。”[1]

（选自菅原道真《古今和歌集》）

左/正馆二楼的客室各具特色。所有房间皆为南向，明亮的大窗户让四季美景尽收眼底。在与旅馆关系密切的众多财界及文坛名流中，还有唐纳德·基恩（Donald Keene）[4]的大名。

下右/从咖啡馆的窗户眺望正馆玄关。

我默默读罢，抬眼望向窗边，红叶在阳光和山峦的映衬下，显得分外秀美。

“长期以来，京都一直是风雅文化的传承地。”在料理旅馆正馆的接待室里，大女将[2]中村京古和女将中村知古微笑着对我说道。

※棣棠花开七八重，堪怜竟无一粒籽……太田道灌出门遇雨，便向一户简陋的茅舍人家借蓑衣。一位少女从茅舍中走出来，没有借给他蓑衣，却递上一朵棣棠花，道灌不解其意，愤然告辞。后来，道灌理解了少女所递花中基于古歌的隐义，为自己的无知深感羞愧。[3]（作者注）

1 白话文释义：神啊，我们匆匆上路，未及带上币帛，那么将这满山锦绣般的美丽枫叶权当成是我们供奉的币帛吧，请接受我们的一片心意。和歌汉译及白话文释义均引自《小仓百人一首：日本古典和歌赏析》（刘德润编著，北京，外语教学与研究出版社，2007）。

2 女将：料理店、旅馆等服务行业的老板娘、女掌柜。

3 日语里，表示植物种子的“实”与表示蓑衣的“蓑”发音相同。少女其实是借送出一朵花，向太田道灌委婉地表示家里贫穷得连一件蓑衣也没有。

4 唐纳德·基恩（1922—2019年），出生于美国的日本文学研究家、翻译家，日本文学及日本文化研究第一人，代表作有《日本文学史》《明治天皇》等。

右/正馆会客室。彩绘玻璃的花纹可以读出“フシミ”三个假名（见第58页）。

下/二楼的西式房间。台灯柔和的光线反射在橱柜的镜子里。

她们希望客人们能欣赏到平安文学的精妙和平假名的秀美，便从《万叶集》《古今和歌集》里挑选与季节相配的和歌，亲自用毛笔抄写，随茶或咖啡一同赠予客人。这样的服务已持续了很长时间。

“有不少欧洲的客人对短歌和俳句感兴趣，所以我们附上英文翻译，他们都很高兴，多亏了翻译老师的精彩翻译。”

京古说，料理旅馆是包罗万象的艺术文化沙龙。饮食文化自不必说，除此以外，还有日本自古以来冠以“道”之称的书道、茶道、花道、香道，甚至还包括古典艺术、文学、美术、音乐、建筑及庭园、和服等。可以说，所有的文化都汇集在料理旅馆里。于是我想到了刚才走廊上那一阵扑面而来的淡淡芳香，不禁恍然大悟，心悦诚服地点了点头。

吉田山庄作为东伏见宫家的别邸，始建于1932年，1948年成为料理旅馆。

访客来到这里，先要穿过格调高雅的表唐门。它的建造者西冈常一是以法隆寺“昭和大修理”而闻名于世的宫殿木匠栋梁[1]。

东伏见宫是昭和天皇的内弟。他在京都帝国大学求学及担任讲师期间，一直住在这里。

“东伏见宫本人也参与了家宅设计。窗户上彩绘玻璃的花纹看起来很像片假名的‘フシミ’[2]吧？据说那是他仿效宫内藏品——直弧文镜[3]边缘的花纹设计的。直弧文镜是从奈良古坟出土的铜镜，玄关的圆形彩绘玻璃也是模仿镜子背面的纹样制作的。”

听到这番话，我不禁对青年时的东伏见宫的博学深感惊讶。

家宅里看不到任何华丽的装饰。彩绘玻璃的色彩也延续直弧文镜的淡绿色及黄色的沉稳基调。

倒是在木材的使用上，整座建筑颇为奢侈地使用了直木纹且无节的木曾桧。从雕刻在瓦片、栏间上象征皇室源流的“里菊纹”，到陈设着多宝格橱架的书院造[4]榻榻米客厅，似乎每寸空间都浸润着昔日皇族文化的气息。不过，踱步到二楼便可发现，这其实是一个日洋合璧的建筑。铺在西式房间和阳台上的时尚拼木地板，就是当时流行的西洋建筑纹样。

于是，我将吉田山庄深深记在心里，憧憬着“找时间一定来旅馆小住几日”。令人高兴的是，咖啡真古馆就开在旅馆正馆旁边，可以在那里一边喝咖啡，一边短暂地享受身处吉田山庄的恬适惬意。

咖啡馆由过去的德式2层旧车库改建而成，它与旅馆正馆、大门同为记录在册的日本有形文化遗产。

庭院里又传来一阵鸟儿的啁啾声，京古移步到窗边。

“这里既有仿佛置身都市之外的诗情画意，又是被神社佛阁包围的圣地，因此皇族才将宅邸选在这里吧，而且，这里可以近距离观看大文字送火[5]。”

在京古这番话语的引领下，我静静眺望东山三十六峰的山脊，暗自思忖两位女主人守护珍贵宅邸、传递洗练文化的内心世界。

1 栋梁：宫殿木匠中的最高级别。

2 フシミ：“伏见”的日语发音。

3 直弧文镜：日本古坟时代制作的镜子。因镜背上有直线和弧线组合而成的直弧文装饰而得名。

4 书院造：以书斋兼接待客人的房间为主室的武士阶层住宅，由平安时代的寝殿造衍生而来。

5 大文字送火：又称五山送火，京都传统四大节庆之一。每年8月16日晚8点，人们在京都大文字山等五座山上点火，从而呈现出巨大文字，以送走在盂兰盆节回归故里的亡灵。

● menu（含税）

混合咖啡 800日元

抹茶（附点心）1300日元

大福年糕小豆汤 1300日元

蝙蝠饼干 650日元

巧克力蛋糕套餐 540日元

● 咖啡真古馆

京都市左京区吉田下大路町59-1

（吉田山庄辖地内）

电话：075-771-6125

11:00—18:00（17:30结束点餐）

不定期休息

地铁乌丸线“今出川”站下车，

乘公交车15分钟，“银阁寺道”站下车，

徒步10分钟。

上/在二楼的客席可以欣赏到远山与红叶错落有致的美景。

右下/大受好评的巧克力蛋糕用豆腐和可可制作，不食用蛋类和乳制品的客人也可以放心品尝。当然还有女将亲笔书写的平安和歌。

15
Café Apied

在柔和的灯光下
遥想行路的旅人们

大原三千院

我坐上从京都站出发的大巴车，北行约一小时，来到一片青山之间。举目四望，几乎不见人烟，唯有站牌孤零零伫立在道边。无论空气的味道，还是时间的流速，似乎都已在短短一小时的时间里，让人们将都市的束缚远远抛到了身后。

在大原这个隐于市外的小村庄里，汇集着三千院、寂光院以及其他有来历的寺院和神社。可以想象，在明治时代，这里也吸引着来自日本全国各地的参拜者。在距离三千院不远的“鲭街道”上，保留着一座明治后期建造的2层木制旅馆，现已改建成咖啡馆，仅限春、秋两季的周末营业。

据说，这个旅馆一直挂着“ますや”的招牌营业到昭和末期，且是当地有名的住宿设施。日本画画家土田麦仙在书生[1]时代曾在此寄宿，俳句诗人高

1书生：特指明治、大正时代，寄宿在别人家里，一边做家务事或杂活儿，一边完成学业的年轻学生。

左页/一楼咖啡馆的内部装饰日洋结合。薄木片及竹帘编成的天花板都是茶室的转让品。用和纸制作的照明灯是楠秀男（Hideo Kusunoki）的作品，屋内光线柔和舒适。

右上/以枯山水为灵感的蛋糕秀美精致，由京香创意。她曾在神户的法国蓝带厨艺学校学习。

右/文艺杂志《APIED》。杂志名是从法语变化而来的自创词，含义是“走着”。这个名字与乡村老街道的氛围颇为契合。

浜虚子也曾来此逗留过多次。

一个晌晴的午后，乡土气十足的街道空无一人。为追忆昔日风貌而被大幅改造的建筑上，白色的暖帘时而自然低垂、时而被风吹得鼓起来，真是一幅撩拨人心的画面。

穿过暖帘，走进咖啡馆。在宽敞的空间尽头，整扇窗户被绿意盎然的庭院景致填满，洒落在庭院里的阳光为室内平添了些许明亮。

环视室内，无论是可以近距离观赏庭院风景的宽大桌席，还是陈设着泛黑的橱柜和昭和时代电视机的榻榻米客厅，或是以书架分隔开来的窗边桌席，似乎不管在哪个位置落座，都能让内心感到沉稳平静。不过，除了心情舒畅，这家店还散发出些许与众不同的吸引力。

经营咖啡馆的是金城静穗和女儿金城京香。静穗一直以个人名义发行着一本秀雅的文艺杂志《APIED》。杂志每期甄选一位作家，并邀请形形色色的执笔者撰写关于作家的评论或随笔。卡夫卡、萩原朔太郎、涩泽龙彦……一个个耳熟能详的名字排列在书架上。这些《APIED》杂志及书籍，为热爱文字的人们送去了心灵的慰藉。

京香负责制作点心和接待客人。她和我聊起了房屋大规模改造的事。

旅馆在昭和末期停业以后，一度成为大原名产紫苏腌茄子的加工和销售地。1987年，该建筑被房地产公司获得产权后长年闲置，直到2000年被京香母女进行改造。

“当初，这里就像蝙蝠栖息的废屋一样。”京香说。

适合观赏窗外风景的二楼。这层都是和式房间，仿佛昔日的旅馆一样。把木框拉门都卸下，就是一个大开间。

改造发挥了房屋的主体结构和布局的特色，又从即将拆除的町家和茶室得到了转让过来的天花板和庭院灯台。据说在一楼开咖啡馆接待客人，也有出于延长建筑寿命的考虑。

京香说，咖啡馆傍晚就关门了。不过，包括二楼在内的所有照明灯，到夜里也一直亮着，从外面看上去，颇有昔日老旅馆的风情。听到这里，我眼前浮现出了旅人们深夜赶路的情景。我仿佛看到他们在黑暗中见到灯火，脸上露出了安定的神情。

● menu（含税）

咖啡 450日元

各种壶装红茶 700日元

蓝莓生芝士蛋糕 450日元

法式咸派 600日元

贝果 600日元

● Café Apied

京都市左京区大原大长濑町267

电话：075-744-4150

10:00—18:00

4—6月和10—11月的每周五、六、日及节假日营业

JR及其他各线“京都”站下车，换乘公交车“大原”站下车（乘车时间约1小时10分钟），步行10分钟

有时，大原会弥漫浓浓的晨雾。京香说：“为了做开店准备，需要摸黑起床。不过一旦起雾，到处都是一片纯白。”也正因如此，她说很喜欢清晨为迎客做准备的时间。

16

Kinse旅馆

在京都最古老的花街 沉耽于扬屋[1]的幻影

岛原

1 扬屋：江户时代的客人召唤太夫、天神、花魁等高级艺伎来饮酒作乐的场所。扬屋在地位上高于茶屋，且设有厨房。

夏末漫长的黄昏时分，暑热尚未从空气中完全退去，我一边感受着身体在热浪中微微打晃，一边在京都最古老的花街岛原漫步。

在江户中期迎来全盛期的岛原是一条格调高雅的花街，拥有众多一流艺伎，同时她们扮演着京都文化沙龙的角色。然而，尽管幕府末期的英雄豪杰们都在这条街上留下了足迹，嘉永大火[1]之后，它依然难逃衰败的命运。现在，仍然在营业的茶屋[2]仅剩“轮违屋”[3]一家。若是不从轮违屋、岛原大门遗址、角屋（作为目前仅存的扬屋被指定为日本重要文化遗产）这三个场所经过，在不了解历史的游人眼中，岛原很可能只是个随处可见的安静的住宅区吧！

此行的目的地“Kinse旅馆”紧邻轮违屋，它是一座跨越几个时代的木建筑。拉开旅馆大门的瞬间，我不由得屏住了呼吸。马赛克地板和凤凰图案的彩绘玻璃为玄关大厅营造出幽暗而华丽的氛围，将岛原的历史身份展现得淋漓尽致。

再向里走，是一个与日式外观风格迥异的豪华西式房间，现在作为咖啡馆和酒吧开放。我点了咖啡和蛋糕，在窗边的位子坐下。

据店主安达浩二郎说，旅馆是200多年前作为扬屋建造的。这几年他对建筑的起源进行了调查，却没能找到上梁记牌，因此准确的建造年代尚不明确。

美丽而优雅的咖啡馆。改建时最大限度地保留了原貌。花街扬屋与昭和旅馆的记忆错综交织，据说这里还入住过修学旅行的学生们。

1 嘉永大火：嘉永七年（1854年）在京都发生的大火。嘉永（1848—1855年）是日本江户时代的年号。

2 茶屋：江户时代，设在花街里的茶屋多是客人唤艺伎来饮酒作乐的场所。

3 轮违屋：初建于江户元禄（1688—1704年）年间，现存的建筑约竣工于明治四年（1871年）。建筑分为居室和客室两部分，昭和五十九年（1984年）入选京都市指定有形文化遗产。

大正后期到昭和初期前后，扬屋落下帷幕，安达的曾祖母将它买下，改造成旅馆。据说曾祖母的父亲和弟弟都是工匠首领，建筑内随处可见的彩绘玻璃和泰山瓷砖都是当年的旧物。

历时60余年的旅馆为这座建筑镌刻下第二段历史。1991年旅馆关门后，建筑进入了漫长的休眠期，直到安达将其继承。2009年，经过改建的一楼作为咖啡馆和酒吧复苏了。

咖啡馆所在的西式房间天花板很高，据说在旅馆时代，它曾被用作社交舞室，以及电视机尚未普及时的“集体电视室”。

在这里啜饮咖啡时，不知您是否觉察到，在吊灯光线较弱的角落里，土地精灵正像夜光虫一样闪闪发光。

右/玄关大厅的窗边。

左下/残留在咖啡馆墙壁一角的温度计上有“金清”二字，应该是以前的旅馆名字。“我原本没打算开咖啡馆，也并非对老建筑有什么兴趣。”店主说。然而，为了让祖母传下来的建筑重获新生，他委托建筑事务所expo进行改造，最终诞生了这个绝妙的场所。这里充分展现了原有建筑的历史魅力，又恰到好处地搭配了新潮的创意，实现了大正、昭和、平成三个时代特色的和谐共存。

● menu（含税）

咖啡（巴西）500日元
咖啡（洪都拉斯）650日元
欧蕾咖啡 600日元
当日蛋糕 600日元
芝士司康 600日元

● Kinse旅馆

京都市下京区西新屋敷太夫町80
电话：075-351-4781
17:00—24:00
周二休息
JR“丹波口”站下车，徒步10分钟。

17

雪峰咖啡
（Snow Peak Cafe）

如何按照户外品牌的玩法
享受岚山

“篝火”与“咖啡”，这是一组单凭想象，就能缓解肩背紧张感的魔法词汇。

由此，我不禁想起住宿过的酒店小册子上写着的话，京都人把应季食材里味道和香气彼此融洽的组合称为“邂逅之物”。

如此说来，初冬时分的篝火与咖啡，应该是最棒的邂逅之物吧！之所以产生这样的想法，是因为不久前造访2020年才在岚山开业的“雪峰咖啡”，这次造访让我身体里的“野游欲”彻底被激活了。

总部设在新潟县燕三条的“雪峰”是一个户外用品品牌，在日本国内外有众多拥趸。它的产品从性能到设计皆出类拔萃，并且通过完全日本生产确保品质，因此具有很高的可信度。除此以外，它传递野营乐趣的广告语也极富感染力，召唤生活在都市里的人们走进山野和森林。

“人生，去野游吧！”

这是在“雪峰咖啡”点咖啡时，店员亲手写在纸杯上的话语，它也是“雪峰”的企业寄语，读起来特别有彻底解放内心的号召力。

我坐在椅子上品尝咖啡，同时环视整个店面。

这家“雪峰乐园京都岚山站”是雪峰创建的体验型设施，由大正时代的料理旅馆改建而成。站内附设咖啡店，可以品尝独创的抹茶饮品及咖啡、甜品等。

建筑原本是大正时代的料理旅馆。精心保存的栏间上的镂空雕刻也是看点之一。此建筑以前在更靠里的地方，改建时被移至临街的位置。

光线从阴沉沉的天空照射下来，轻柔地洒在房顶的窗户上。在百年历史的柱子、精致的栏间和水泥墙共同围起的空间里，摆放着露营专用的装备、服装等。

引人注目的还有各种联名产品，它们是“雪峰”与京都的传统工艺品牌联合创作的，比如可防止咖啡豆受潮的开化堂的精美茶筒。茶筒的大小按照盛放两人份、约30克咖啡豆设计，小巧便携，专为令人憧憬的“二人的篝火和咖啡世界”量身打造。

摆在庭院里的可移动小屋是与建筑家隈研吾共同开发的。入住其间，可以深度体验野游岚山的乐趣。

通过“雪峰”邂逅一方风土，以及它所孕育的传统和自然。这样的体验正等待着您。

上/咖啡店的柜台。

中/在长野县白马村制作的猪肉肠热狗。“雪峰”在白马村也设有站点，和当地的生产者开展深度合作。

下/展示厨具的一角。店内还有专门经营和服的老店“YAMATO”开设的“YAMATO Tsunagari Gallery”，游客可以穿着在此租借的绸织和服去游览岚山。

上/户外使用的茶具套装，与中川政七商店旗下的品牌“茶论”联名创作。

右下/隈研吾设计的小型移动住宅“住箱-JYUBAKO-”。这是一个可移动的“旅行建筑”，淋浴室及卫生间完备，日常用品采用京都传统工艺特别加工。真想在这里小住，尽情享受野游岚山的乐趣啊！

● menu（含税）

混合咖啡M 520日元

拿铁咖啡 560日元

各种蛋糕 420日元不等

当日例汤 600日元

热狗 800日元

● 雪峰咖啡（Snow Peak Cafe）

京都市右京区嵯峨天龙寺今崛町7

电话：075-366-8954

10:00—19:00（18:30截止点餐）

每月第三个周三休息

JR“嵯峨岚山”站下车，徒步1分钟。

18

兔子小窝

在宛如自然史博物馆的空间里
痴迷水晶芭菲之美

西大路御池

右/售卖店里的展示架。

左/水晶芭菲。另有一款配合季节及展品制作的天青石一般的深蓝色蛋糕，也深受粉丝喜爱。在摆着透明大桌子的咖啡室内侧，还有为方便带孩子的客人设置的放松休息的榻榻米房间。

堆在果实上的“水晶”微微抖动，闪闪发光。我小心地将它送入口中，心头涌动着阵阵兴奋，好像舌尖上含着真水晶一般。这是“兔子小窝”的人气甜品“水晶芭菲”，水晶是店员将锦玉羹[1]手工切成一块块制成的。

“兔子小窝”由一座形态细长的二轩长屋改造而成，是一家集售卖店、展廊、旅馆、咖啡店于一体的综合设施。其中，售卖店以“传递自然的造型之美”为主题，展示并出售各种标本及其原创衍生品。

从世界各地收集的植物、矿物和动物骨骼标本在售卖店里摆得琳琅满目，宛如一个充满珍奇异宝的小型自然博物馆。在推开店门的一瞬间，我就像回到了童年时代，好奇心驱使着双脚，急不可待地去一探究竟。

1 锦玉羹：一种日式点心。将琼脂煮化，加入砂糖和糖稀煮透，再倒入模具中凝固而成。其特点是具有透明的美感。

我第一次知道，原来海胆的骨骼标本如此美丽，让人联想到在乳白或蔷薇底色上撒满珍珠的精巧盖世的王冠。还有店主原创的人气商品“宇宙立方”（Sola cube），它将花或种子封入丙烯透明立方体，以最简单纯粹的设计，展现了大自然的造物之美。

店主吉村纮一开店的初衷，是为了留住这座建于1939年的长屋。此前它已沦为无人问津的空房。

“这个家是曾担任过宫殿木匠的曾祖父吉村富三郎为他的弟子及其家人建造的。”吉村说。

据说，空间主题“自然的造型之美”是从路边成排栽种的枫香树的果实中获得的灵感。“我由衷感到，自然创造的形态凌驾于人工设计之上。希望客人们能在这里收获惊奇和满足。”吉村说。

店主吉村的曾祖父曾任职宫殿木匠，这座二轩长屋是他亲自建造的。二楼的日式房间被原样保留，现在作为旅馆整体出租。

● menu（不含税）

咖啡 500日元
各种香草茶 680日元
水晶芭菲 890日元
矿物甜品组合（周六、日及节假日限定）1350日元
本周午餐拼盘 1000日元

● 兔子小窝

京都市中京区西京南原町37
电话：075-366-6668
11:30—19:00（18:00结束点餐）
周四休息
地铁东西线“西大路御池”站下车，徒步3分钟。

19

本日的

『面包、意式浓缩咖啡与岚山庭园』的新表情

丸太町

您可以一边欣赏绿意盎然的坪庭，一边品尝炸牛排三明治和汤的美味。三明治在收到订单后才开始制作，所以入口的牛排总是刚刚炸好的。菜单上还有法式火腿干酪热三明治、蛋糕、阿芙佳朵等。

● menu（含税）

美式咖啡 550日元
焙煎抹茶拿铁 650日元
法式巧克力特林蛋糕套餐 1400日元
炸牛排三明治 2400日元

● 本日的

京都市中京区指物屋町371
电话：075-746-2995
9:00—19:00（17:00结束点餐）
不定期休息
地铁乌丸线“丸太町”站下车，徒步5分钟。

2020年秋，一家由超过130年历史的町家改建而成的旅馆兼面包咖啡店开业了。建筑并排分成两部分，挂蓝色暖帘的是整栋出租的精品旅馆，由服装品牌华歌尔开发。挂白色暖帘的是面包咖啡店“本日的”。它是人气店“面包、意式浓缩咖啡与岚山庭园”※在京都的第三家店，无论您是否在此住宿，都可以进店逛逛。

我钻过白色的暖帘，径直穿过面包烘焙房后面的小坪庭，眼前豁然出现一个与入口处截然不同的高挑空间，这就是咖啡店了。店内的“炸牛排三明治”是令人大呼过瘾的名品。刚刚炸好的嫩牛排夹在薄厚刚好的专用吐司里，再配上自家调制的黄芥末酱，组合出无与伦比的味道！

※载于第46页（作者注）

第 4 章

咖啡时间

不管是外出旅行，还是居家生活，咖啡都是不可或缺的存在。
本章将介绍可以让您度过美好时光的自家烘焙咖啡店及咖啡专营店。

20
妻子&丈夫
（WIFE&HUSBAND）

咖啡、野餐、老物件
距鸭川百步之遥的幸福

北大路

墙上展示着一本打开的书，压住书页的是撑皮手套指尖用的法国旧物。

左/每到春、秋两季，客人便可以在竹篮里装上咖啡和点心，租桌凳去百步之外的鸭川野餐。

右/正在萃取咖啡的恭一。

从鸭川的堤坝步行约百步，有一片适合悠闲漫步的住宅区。在其中一条小巷里，坐落着一家小而美的咖啡馆。

尽管店内只能容纳七八个客人，但它依然吸引全日本乃至世界各国的人们前来感受“WIFE&HUSBAND”(简写为“W&H”)的幸福味道。

“咖啡、野餐、老物件”，这三个写在玻璃门上的词语，告知着咖啡馆的三要素：自家烘焙咖啡、鸭川岸边的竹篮野餐——装满暖水瓶的咖啡和点心，以及店主吉田恭一·几未夫妇精心收集的老物件。吉田夫妇感情融洽，他们在开店以前就住在这里，每天享受着“三要素”构成的快乐生活。

发现这个无人问津的建筑时，吉田夫妇相互对视，不约而同地认定“就是这里”。他们真是一对有共同的价值观、朝着同一方向携手前进的好伴侣。

12月某日的开店时刻。店门打开，排队等候的客人们被请进店里。

上午的阳光洒在小小的空间里，为古老的桌椅表面铺上一层淡金色。店里摆放着精心挑选的美物，有从滑轮上垂下的灯、有旧草帽、有镜子，还有发条弹簧和齿轮。这些用途不明的奇异物件，若是在别的场所见到，极有可能会视而不见吧。

观赏了旧物组成的小宇宙之后，我又定睛凝视墙壁，发现这边的合成板，还有那边的合成树脂板桌台……恕我冒昧直言，怎么看都像是昭和时代搭建简易食堂用的材料。

“没错。”吉田夫妇笑着说道。这个家屋是第二次世界大战以前建造的，扩建出来的部分曾一度成为关东煮店，后来的十余年就完全闲置了。

“它们的确不是什么好材质，可是却浸润着经年的味道，所以我们想尽可能地保留原样。”

对这些已没有什么魅力可言的旧材料，吉田夫妇究竟施加了什么魔法？

“将它们看成美物还是垃圾，完全取决于个人的标准。我刚喜欢上旧物的时候，每次去逛旧物商店，都会对以前忽略的物件产生新的感悟。”

经过反复实践形成的鉴赏美的标准、“只要客人满意，我们便开心，别无所求”的心意，加之恰到好处地传达这种心意的方式，正是这些条件共同打造出这个为世间送出幸福感的空间。

恭一和几未分别在红茶专卖店和茶室工作了10年，积累了丰富的经验。

恭一充分利用自己在红茶上的造诣，独自钻研咖啡的烘焙和萃取技术。他设想在生活中喝咖啡的具体场景，调配出理想的味道。对于线上售卖的咖啡豆，恭一也同样一丝不苟。他花时间亲自写信，随咖啡豆一起寄出，让收到产品的顾客非常感动。

制作点心和接待客人由几未负责，她拥有一张治愈人心的甜美笑脸。

“我一直非常在意如何让来店的客人尽早感受到‘自己是被欢迎的’。”几未说。现在因为戴着口罩，表情不容易传达，所以她把心意都集中在最初的一句“欢迎光临”上。

在一个细雪转瞬即逝的清晨，我又起念造访了“W&H”。离开店还有五分钟，只见幽暗的窗户里闪烁着一簇小小的金合欢色的灯光。

透过灯光，昔日那些可望而不可及的憧憬，以及对深爱的旧咖啡馆的记忆，又悄然无声地涌上了我的心头。那些曾经体验过的美好瞬间，都已经被封存在脑海某处的盒子里，此刻一定是“W&H”偷偷地打开了盒盖。

● menu（不含税）

咖啡 550日元
欧蕾咖啡 600日元
蛋糕 400日元
黄油吐司 350日元
蜂蜜芝士吐司 450日元

● 妻子&丈夫（WIFE&HUSBAND）

京都市北区小山下内河原町106-6
电话：075-201-7324
10:00—17:00（16:30结束点餐）
不定期休息
地铁乌丸线“北大路”站下车，徒步4分钟。

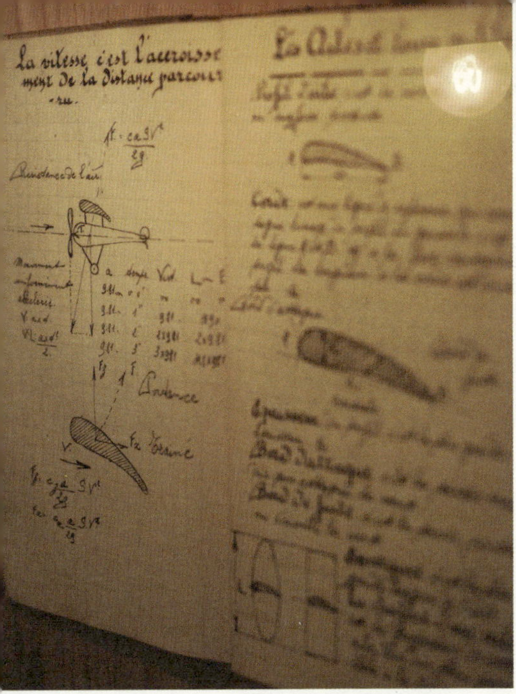

左上/字体俊秀的学生笔记本被装进镜框挂在墙上。

右上/大多数照明灯都是恭一制作的。

左下/咖啡豆作为礼品也很受欢迎。

右下/绝品蜂蜜芝士吐司是将蓝纹芝士融化在蜂蜜里制作的。

白锡餐盘和刀叉、马克杯也各有“非它不用”的理由。

21 烘焙坊之女/展廊之子（Roastery DAUGHTER / Gallery SON）

妻子&丈夫（WIFE&HUSBAND）家的咖啡烘焙坊和展廊

七条堀川

menu（不含税）

盒装咖啡豆7种（每种200克）各1400日元

W & H COFFEE 礼盒（2种豆）3300日元

W & H COFFEE 礼盒（3种豆）4800日元

烘焙坊之女/展廊之子（Roastery DAUGHTER / Gallery SON）

京都市下京区镰屋町22

电话：075-203-2767

12:00—18:30

不定期休息

JR及其他各线"京都"站下车，徒步7分钟。

在"妻子&丈夫"（W&H）※开业三年后的2018年末，京都站附近的堀川路边又开起了一家很大的咖啡烘焙坊兼展廊。随着"W&H"咖啡店的人气越来越旺，原有的小烘焙机已经无法满足店铺的需求了。

店主吉田恭一说："对'W&H'极具挑战的'咖啡、野餐、老物件'定位已经实现。"用妻子与丈夫、女儿与儿子起的店名，既是单纯的事实，也是含义丰富的比喻。

在1963年竣工的3层建筑的外墙上，贴着凸起的白色"COFFEE"字样。吉田还在入口处安装了一对仿佛19世纪英国古董的观音门。木头表面在长年的风雨侵袭下，呈现出密密麻麻的龟裂纹理，让触摸到它的人们为之陶醉。

※载于第77页（作者注）

（左页）左/站在柜台前的恭一。/富士皇家（FUJI ROYAL）制造的10千克烘焙机和离尘机。

左上/出众的设计品位让粗糙冰冷的钢制楼梯展现出了不凡的魅力。

左下/二楼展廊里陈列的杂货。

中下/吉田视若珍宝的旧铝制饭盒。那些孔洞该不会是被酸梅子腐蚀的吧？

一楼是咖啡的烘焙和售卖空间，二楼是展廊，里面陈列着恭一精心挑选的服装和餐具等旧物。建筑里弥漫的气息，与已经确立了牢固世界观的“W&H”如出一辙。

我向恭一请教老物件的魅力，他给我看了一个号称“宝物”的第二次世界大战以前的铝制饭盒。他说在被腐蚀得满是孔洞的盖子上，可以发现通向自然的美。

“这不是人为设计出来的，而是在漫长的时间流逝中浑然天成的，具有无法模仿的美感。得到一件旧物的喜悦，如同拥有了美丽的夕阳。作为一个饭盒，它在生命旅程中曾被粗糙对待，可能过得并不幸福（笑），但是它历尽艰难来到这里以后，始终被我们珍视着。”恭一说。

透过那些孔洞，我似乎窥见到了人力远远无法企及的时间长河和偶然的力量。

22 The Unir coffee senses

"Unir"的顶级咖啡馆
在浓缩京都魅力的地段诞生

八坂神社

（左页）上/“The Unir Coffee Senses”（简称“The Unir”）坐落在从高台寺通往清水寺的石板路上，沿途的一念坂、二宁坂、产宁坂等坂道连绵不绝，风景优美。这也是很多人脑海里最能代表京都风景的地方。

（左页）左下/套盒甜品。草莓用的是京都八幡市涩谷农园产的名品“京之下”。

上/临坪庭建造的“Coffee Senses Bar”是专为品尝咖啡鸡尾酒而设的独特空间，室内陈设厚重而洗练。

一颗颗光润纯熟的草莓摆放在精致的小套盒里，草莓下面铺满了巴伐露斯酱和用白葡萄酒制作的奶冻，搭配的饮品是飘着果实或鲜花的咖啡。如此赏心悦目的甜品套餐一天仅限五份。

若是能坐在蓝色的天鹅椅上，慢慢享用这完美无瑕的套餐，就算是旅行中的疲惫，也会被驱散不少吧！

精品咖啡专卖店“Unir”在2020年末开了新店“The Unir”。从高高的天花板垂下的照明灯是野口勇[1]的作品，柔和的灯光透过和纸制成的灯罩，将整个空间晕染在暖光里。

研磨咖啡豆的声响与冲煮顶级咖啡豆的香气交织在一起，荡漾在这座建造逾百年的风格独特的木屋里。

1 野口勇（Isamu Noguchi，1904—1988年），知名艺术家。

“Unir”从京都长冈京的一家自烘小咖啡店起家，现在已是引领关西地区精品咖啡的魁首。它不断传递着高品质咖啡的魅力，目前已拥有包括大阪店和名古屋店在内的五家店铺。

新店“The Unir”位于京都的观光中心地，是“Unir”品牌魅力的集大成者。从位于高台寺旁充满风情的石板小路“一念坂”的地理位置，到被指定为京都市传统建筑的店面，再到出品的咖啡及甜品，无一不是“Unir”的最高水准。

店主山本尚做出开店决断时，新冠肺炎疫情正肆虐横行。现场烘焙咖啡店纷纷停业，仅保留线上咖啡豆销售业务。在这样的大环境下，反其道而行的山本无疑是在大胆地主动迎接挑战。

超过百年历史的主屋和门头都是京都市指定的传统建筑。这里还曾作为意大利总领事馆和巧克力商铺使用。“Unir”的老板山本尚经常亲赴世界各国的咖啡产地采购咖啡，作为COE（Cup of Excence）的国际评委，他也非常活跃。店内首席咖啡师山本知子也是一位实力派，拥有多个咖啡师冠军赛的冠亚军头衔。请您来“The Unir”享受一杯至高无上的咖啡吧！

“喫茶店在日常生活中不可或缺，所以在我看来这是个好机会。”山本说。长冈京的总店曾因为售卖咖啡豆忙不过来，而不得不一度取消了喫茶区，这也让他格外想开一家喫茶店。“正是要抓住游客少的时机打造“The Unir”，让它成为向全世界传播美味咖啡的场所。”山本铿锵有力地说。

menu（含税）

咖啡（美式）450日元不等

涩谷农园鲜美草莓套盒甜品 1800日元

触感柔中带韧的成年人专属的法式吐司&咖啡 850日元

The Unir coffee senses

京都市东山区榉屋町363-6

电话：075-746-6353

11:00—18:00（17:30结束点餐）

每周三及每月第三个周四休息

京阪“祇园四条”站下车，徒步16分钟。

23

二条小屋

从一室一厨无浴室的小家
到备受喜爱的咖啡空间

二条城前

这里使用的是神户“萩原咖啡”独创的混合咖啡豆。它在充分保留咖啡口感的同时，饮后清爽不留余味，特别适合小憩时品尝。

这是二条城附近住宅街的一角。在停车场的后面，残留着一座陈旧的小屋，屋檐下的招牌上写着“COFFEE”。

以前该不会是个库房吧？太过简陋的风格让人产生这样的联想，不过小屋却也因此散发出历经岁月磨砺的独特魅力。

这个狭小的住宅实际建于1946年，一室一厨无浴室，面积不足七坪。最近这10年，房屋在空置中日渐破败，是现任店主西来昭洋将它租下，改装成了现在的咖啡店“二条小屋”。西来曾在设计事务所工作，他在改装时着意展现了土坯墙和旧木头的质感。

当您拉开木框围成的店门进入店内，一定会被这个集陈朽、洗练和可爱于一体的空间震撼。

立饮吧台、挂在熏成黑褐色的墙壁上闪闪发亮的金色小号、低矮的房梁，还有吊挂在店主头顶上兼具实用性与视觉美感的成排滤杯……

用“复古”、“怀旧”这样的词汇来形容这里，似乎不够贴切。这里是一个破烂又时尚，同时洋溢着专属于成年人的可爱风格的魅力空间。

西来在客人面前组装好咖啡壶和滤杯，开始萃取咖啡。毫无余冗的动作乍看平淡无奇，实则显露出高手的风范。热水从壶嘴里缓缓流淌出来，画出螺旋形浇注在咖啡粉上。西来经过反复考量、调试才最终完成的这一杯，为希望在工作间隙稍做放松，或是在回家之前稍做休息的客人们带来杯中的“小确幸”。

上/墙上的艺术设计。

下/从顶棚里找到了一页旧相册。可以推测这是最后独居在此的老婆婆年轻时的照片，只是没人清楚当时的情况，历史不得而知。

右上/爵士乐从JBL的扬声器里流淌而出。西来通常结合季节、时段及店内氛围等因素选择唱片。

左下/居住在德国的客人赠送的复古杯子和茶托。店里摆放的物品看似平淡无奇，其实每一件背后都有各自的小故事。

menu（含税）

滴漏式咖啡 410日元不等
天然青森苹果果汁 400日元
天然和歌山蜜柑果汁 450日元
胡萝卜蛋糕 210日元不等
热三明治 330日元不等

二条小屋

京都市中京区最上町382-3
电话：090-6063-6219
11:00—20:00
每周二休息+不定期休息
地铁东西线“二条城前”站下车，徒步即至。

西来在学生时代，曾被特伦斯·考伦[1]所著的《小空间》(*small spaces*)一书深深吸引。他从书里介绍的世界各地的狭小空间中，感受到窄小却安定的魅力，于是选择了这里。

这座老朽的房屋，不仅每到台风天便让粉丝提心吊胆，冬冷夏热也是令人头疼的问题。为此，西来干脆用火盆取暖等方式自得其乐，他说这是“辛苦并快乐着”。

在这个随时有可能被拆掉的小空间里，作为“咖啡店”应有的魅力样样俱全。

1 特伦斯·考伦（Terence Conran，1931—2020年），英国人，居室设计及生活方式领域的先锋人物，身兼居室设计师、家居商品零售店及餐饮店经营者、作家等多职。

COFFEE
COFFEE
二条小屋

24

walden woods kyoto

大正时代的洋馆[1]
变身迷你白森林

五条

涂师屋[2]町、佛具屋町……五条附近以职业命名的老街道一条连着一条。我在安静的街道之间随意穿行，一座格外醒目的开放式建筑出现在街心公园对面的小巷里。这是一家诞生于2017年的人气咖啡烘焙工坊，由大正时代的洋馆改建而成。

建筑正面为简约的白色。不过细看便会发现，墙面上还遍布着纯白和浅灰两种颜色的迷彩花纹。随着太阳朝升夕落，花纹在阳光的照耀下变换出多彩的表情。黄昏时分，建筑沉入寂静的月青色，店内则被衬托得熠熠生辉，光彩动人。

为了能亲身体验这个时尚的空间，许多人特意从远道慕名而来。客人们在一楼取到咖啡，然后走上点着提灯的白色楼梯。

二楼宽敞得令人惊讶。纯白色的空间里没有桌子和椅子，取而代之的是围绕在四周的阶梯式长凳。阳光从窗外斜射进来，与成排的提灯交相辉映，在这白色的世界里演绎光的渐变。人们择席而坐，惬意地享受咖啡的样子，仿佛围坐在森林里的隐形篝火前。

空间的设计和建造由岛村正一郎负责。他非常喜爱亨利·梭罗（Henry Thoreau）的自省书《湖滨散记》(*Life in the Woods*)[3]，于是将梭罗在瓦尔登湖畔与自然和谐共生的世界观投射到了这个空间里。

店标的主题图案是沐浴在朝霭中的新月。我啜饮着咖啡，任思绪自由飘荡在这静谧的风景里。

1 洋馆：也叫西洋馆，泛指日本从开国到第二次世界大战期间在国内建造的洋式建筑，多指住宅。

2 涂师屋：指制作和销售漆器的人及其店铺。

3《湖滨散记》(*Life in the Woods*)：又名《瓦尔登湖》(*Walden*)。作者亨利·梭罗（Henry Thoreau，1817—1862年）是美国著名作家、诗人、哲学家。

上/黄昏一景。曾是服装设计师的岛村旅居法国二十载。一楼墙上成排的复古工业灯和店内使用的20世纪70年代的军用餐具皆为法国制造。

左上/20世纪60年代德国的PROBAT公司出品的咖啡烘焙机。用它来烘焙咖啡豆，可以最大限度地保留豆子本来的味道。

● menu（含税）

Walden混合咖啡 400日元
意式浓缩咖啡 350日元
印度奶茶 600日元
曲奇饼 200日元
可露丽 250日元
巧克力蛋糕 350日元

● walden woods kyoto

京都市下京区荣町508-1
电话：075-344-9009
8:00—19:00
不定期休息
地铁乌丸线 “五条”站下车，步行6分钟。

25

咖啡烘焙所 旅之音

从原美术学校发出的来自咖啡生产者的心声

元田中

咖啡树的花语有“一起休息一会儿吧”之意。——旅之音寄语

左下/正在萃取咖啡的店主北边。他上大学时从滋贺县搬到京都市内，深深着迷于京都浓厚的喫茶店文化。

右下/人气单品咖啡果冻芭菲。

“旅之音”是烘焙及售卖咖啡豆的店铺，开在一栋20世纪60年代建造的美术学校的旧教室里。

午后，烘焙机的声音在店内回荡。客人信步而至，有的来买咖啡豆，有的来喝咖啡吃点心。店员细致地介绍咖啡豆的话语声不时传入耳畔。

店主北边佑智二十多岁，他经常赴缅甸、越南等地，除了批量采购咖啡豆，还长期致力于咖啡生产者的技术援助。“旅之音”这个店名所包含的心愿，便是为默默无闻的亚洲小规模生产者们传递心声。

北边将各地咖啡农园的优质生豆汇集到京都，然后通过由浅到深的烘焙，加工出咖啡豆的甜感，最后送到品尝者手中。“旅之音”的职责便是做个称职的“传棒者”，将接力棒从生产者传递给消费者。

原来的美术学校整体被改造成了综合社区“THE SITE”，古物店、艺术工作室等店铺在校舍旧址上一字排开。

● menu（含税）

咖啡各种 500日元不等
金桂欧蕾咖啡 650日元
旅之音咖啡果冻芭菲 900日元
生火腿奶油芝士三明治 780日元
白味噌柠檬吐司 650日元

● 咖啡烘焙所 旅之音

京都市左京区田中东春菜町30-3 thesite A
电话：075-703-0770
12:00—18:00
周一休息
叡山电车“元田中”站下车，步行5分钟。

有位客人被咖啡的品质感动，亲手写下感恩的书信交给北边：“请转交缅甸的咖啡生产者。”为提升品质而尽心竭力的生产者收到信后欣喜万分。

北边对于过去的喫茶店文化也有浓厚的兴趣。2020年末，他在大阪再开新店，继咖啡之后，他又为日渐式微的喫茶店当起了“传棒者”。

那是一家即将结束44年经营生涯的喫茶店。想到建筑被拆除，令人怀念的风景即将从街角消失，北边深感遗憾和不舍，于是他将建筑继承下来，创建了喫茶与甜品结合的“旅之音”。

“旅之音”传递着丰富多彩的好声音。若是侧起耳朵细细聆听，似乎还能从这杯咖啡里听到来自远方的悠扬歌声。

26

knot café

布鲁克林的咖啡和京都名店的美味

上七轩

店铺由原来的西阵织物仓库翻建而成，以前它曾和周围的建筑连成一体。改建时拆去了天花板吊顶，让房梁裸露出来。摆在拉马佐克（LA MARZOCCO）意式浓缩咖啡机上方的是布鲁克林金斯县酿酒厂出品的波本威士忌。

有京都特色的咖啡店是哪家？倘若更新答案，这家店也该算入其中吧。因为它不仅承载着这片土地不同寻常的历史，使之与今天的街道相连，同时还汲取着时代的新鲜气息。

街道“上七轩”位于北野天满宫东面，它是京都五条花街中最古老的一条，因此广为人知，通常被称为“西阵内客厅”。这条花街的历史与京都曾经的支柱产业——西阵纺织的兴盛密不可分，因为经营纺织业的西阵大商人与华丽和服缠身的舞伎、艺妓互为重要的客户关系。

位于上七轩的咖啡店“knot café”由西阵纺织的百年老仓库改建而成，于2015年开业。“knot café”为“绳结”之意。

店铺确立的经营理念是“连接人与人、物与物的咖啡店”。在这个理念的指引下，“knot café”还连接起了京都和纽约这两座城市。

拿铁咖啡和各种小食是店内的畅销产品。其中，咖啡豆来自纽约布鲁克林的咖啡烘焙工坊“Café Grumpy”，小食则由“knot café”附近多家名店的产品组合而成。

比如，让咖啡店声名鹊起的“厚蛋烧[1]三明治”。它用小圆面包夹上从专卖店订购的厚蛋烧制成。小圆面包是1号店开在附近的知名法式面包店“Le Petit Mec”家的产品。厚蛋烧则口感蓬松软嫩，浸透着上等高汤的鲜香美味。

还有一款小食名为“CHOCO BOURO”，它组合了以制作西阵织物主题的点心而闻名的京都老铺“千本玉寿轩”的点心和布鲁克林的巧克力。

如此说来，无论京都还是纽约，都是造物精神生生不息的城市啊！

上/厚蛋烧三明治与咖啡。现在厚蛋烧三明治从熬制高汤开始，完全在店里制作。

右/挂在天花板上的红帆船其实是手工制作的风筝，由纽约设计师艾米莉·费舍尔（Emily Fischer）设计。

● menu（不含税）

咖啡 500日元
拿铁咖啡 650日元
CHOCO BOURO 250日元
小豆馅黄油三明治 330日元
厚蛋烧三明治 330日元

● knot café

京都市上京区今小路通七本松西入东今小路町758-1
电话：075-496-5123
10:00—18:00
周二休息（周二逢25日则营业）
岚电“北野白梅町”站下车，步行15分钟。

1 厚蛋烧：一种以鸡蛋为主料，辅以日式高汤、盐、糖、甜料酒等调味料的日本家庭料理。

左上/诞生于谚语“鸭背大葱而来”[2]的鸭葱三明治十分美味。

左下/在跑庭这个烧火做饭的场所里，以前一定放置着老式的炉灶吧！

27

GOOD TIME COFFEE岛原

曾被用于祭祀地藏菩萨的百年町家

岛原

如果在以前仅当作“点”来看的各名胜古迹之间，试着连上辅助线，历史的“星座”便会鲜明地显现出来。比如，若是将世界文化遗产西本愿寺，步行数分钟即至的格调高雅的花街岛原，以及北面的壬生寺用蓝色的线串联起来，新选组[1]的星座就开始闪烁发光了。

在连接西本愿寺和岛原的花屋町路的南面，保留着一座超过百年历史的町家。2015年它被重建为咖啡馆。

在改建以前的很长时间里，附近的居民们一直将这里视为名义上的集会场所。然而，除了街区里的孩子们集体祭祀地藏菩萨，它几乎没被有效地利用起来。

房屋改建和咖啡馆运营均由京都的设计公司“拓马设计”承接。不管是

1 新选组：诞生于江户幕府统治末期，以京都为中心开展活动的社会治安组织。

2 鸭背大葱而来：日语谚语，意思是鸭火锅中的鸭肉自己带着配料葱来了，比喻好事连连，喜从天降。

menu（不含税）

滴漏式咖啡 400日元
姜汁拿铁 580日元
水果卡仕达三明治 750日元
鸡蛋三明治 700日元
鸭葱三明治 700日元

GOOD TIME COFFEE岛原

京都市下京区突拔2-357
电话：075-202-7824
10:00—18:00
年底、年初休息
JR“丹波口”站下车，步行10分钟。

在跑庭顶部可见用于排放炉灶油烟和热气的通风井。有位客人正坐在面向坪庭的檐廊上喝咖啡。

店标创意还是空间营建，“拓马设计”都展现出了卓尔不群的品位。

“改建施工时，在旧土墙里发现了百年以前的报纸，可以判断此建筑已超过百年。”从设计师半路转行的咖啡师笑着告诉我。

进入店里，只见被称为“跑庭”[1]的狭长土间尽头，设有坪庭和侧房。这是典型的京町家布局。原来的店间※里已摆上了外卖柜台，里面的客厅则被改造成了喝咖啡的空间。

店名中的“GOOD TIME COFFEE”蕴含着度过好时光、抓住好时机的美好愿景。与之相呼应的是招牌美食“鸭葱三明治”。这道三明治从一句吉祥的谚语中获得灵感，将脂香四溢的烟熏合鸭、九条葱和白味噌组合在一起，寓意“天赐良机”。

※店间：也写作“见世间”，指面向街道用于商事洽谈的房屋。（作者注）
1 跑庭：京町家建筑的一个组成部分，相当于厨房。

28 星巴克咖啡 京都二宁坂Yasaka茶屋店

八坂神社

穿过暖帘走进和式房间

清早的二宁坂。有百年以上历史的土屋和大墙被认定为传统建筑物。

menu（不含税）

滴漏式咖啡 290日元不等
星巴克拿铁 340日元不等
大块巧克力司康 260日元
各式三明治 380日元不等
培根菠菜法式咸派 380日元

星巴克咖啡
京都二宁坂Yasaka茶屋店

京都市东山区高台寺南门通下河原东入桝屋町349
电话：075-532-0601
8:00—20:00 不定期休息
京阪“祇园四条”站下车，徒步18分钟。

左/为了不破坏街道古色古香的风韵，店标也进行了特别加工，完美融入古都之中。

右/榻榻米房间共有三室，风格截然不同。

有个遍及世界各地的国际咖啡连锁品牌，在京都展露出了与众不同的“表情”。它将日式房间里不可或缺的壁龛替换成了现代感十足的棚架，这大大出乎人们的意料，可以预感一场全新的咖啡体验即将到来。

2017年，“星巴克咖啡 京都二宁坂Yasaka茶屋店”在人气观光区正式开业，店铺由超过百年历史的传统日本家屋改建而成，外观透露出古朴凛然的气息。

作为星巴克在日本各地开设的“星巴克区域地标店”之一，这家店提出的理念是致敬地域的历史和传统文化，向世界展现深扎于本土的地域魅力。

穿过暖帘，走进店内，这个将星巴克文化精妙融入传统日式建筑之中的空间让我不由瞪大了双眼。

小巧的前庭里放着水钵，半埋在白砂石里的瓦片是点睛之笔。细看之后，我才注意到瓦片上还雕刻着人鱼和鱼鳞的图案。像这样低调到若无人提醒便可能忽略的亮点和艺术设计，在店内不胜枚举。

在两栋家屋的交汇处，是一个延伸到后面的细长空间。空间里格外的昏暗，只有点餐柜台处亮着氤氲的灯光。据说这是仿效行灯[1]的照明效果。

我沿着走廊前行，在面向后庭的场所取了咖啡。好吧，去二楼坐坐。

在这个日式房间和洋式房间、传统建筑与现代艺术和谐共存的空间里，一定能获得铭记于心的咖啡体验吧！

1 行灯：夜行照明的灯。

毗邻风光明媚景区的京都1号店

29

蓝瓶咖啡 京都店

南禅寺

上/对超过百年历史的京町家进行改造重装。

右下/京都店限定的法式抹茶特林蛋糕和咖啡。抹茶来自宇治利招园茶铺，咖啡里余韵悠长的山椒香气彰显日式风味。

2015年，美国“蓝瓶咖啡”的日本首店落户于东京清澄白河，让原本安静的街道一跃成为广受瞩目的咖啡街。

三年以后，“蓝瓶咖啡 京都店”开业。它位于春赏樱花、秋揽红叶的名所南禅寺的西面，从地铁“蹴上”站步行仅需几分钟路程。沿途风景秀美，令人心旷神怡，犹如漫步在公园里一般。

超过百年历史的2层建筑有前后两栋，昔日曾作为旅馆招待客人。现在面朝街道的前栋是售卖店，后面是宽敞的中庭和镶着大玻璃的充满开放感的咖啡店。客人可以坐在中庭的长凳上仰望清澈的蓝天，也可以在咖啡店里感怀建筑的历史。

从咖啡店眺望蓝天和中庭。在前栋的二楼可以享受预约的定制套餐。

menu（不含税）

混合咖啡（滴漏式）450日元
意式浓缩咖啡 450日元
法式抹茶特林蛋糕 300日元
司康 400日元

蓝瓶咖啡 京都店

京都市左京区南禅寺草川町64
电话：075-746-4453
9:00—18:00
年底、年初休息
地铁东西线“蹴上”站下车，步行7分钟。

咖啡店里，古旧的立柱及房梁都未加修饰地裸露着，风格简约的长桌台径直伸向里面，很是气派。部分土墙里的竹小舞[1]被原封不动地展示出来，无声地诉说着时光的流逝。这确实是一个打破时空界限，将过去与现在、美国与日本融为一体的洗练空间。

负责改建的是斯基摩建筑企划公司（Schemata Architects）的长坂常（Jo Nagasaka），他已通过设计多家蓝瓶咖啡店向世人展现了自己的世界观。

据说在选定店铺地点时，最看重的是“室内流通的空气够不够好，在那个场所能不能感到咖啡的美味”。因此筛选候选地总要花一些时间。毫无疑问，现在这个绝佳的环境，一定能让客人体验到无与伦比的美味咖啡。

1 竹小舞：日本传统的建筑技法，常用于制作土墙墙底。制作时将竹条按一定间距纵横交错，编织成网格状，再用麻绳捆绑固定。竹小舞非常环保，且有耐火、抗震、隔热、调湿、隔音等众多优点，很适合日本高温湿润的气候。

30 蓝瓶咖啡 京都六角店

与创业百年的自行车店合作

二楼咖啡空间里摆放着古董风格的家具。

蓝瓶咖啡的京都二号店“蓝瓶咖啡 京都六角店”，开进了自行车老铺“辻森自行车商会”的一角。

位于六角街一个小十字路口的辻森自行车商会，从明治后期就一直在这里经营，已经成了好似当地社区之家一样的存在。

为了给超过百年历史的町家建筑注入新生命力，辻森自行车商会又将目标瞄准下一个百年，提出“要深深扎根地域，继续成为人们喜爱的地方”，并寻求共居的合作伙伴。与他们的构想产生共鸣的正是蓝瓶咖啡。

自行车与咖啡文化本来就是一对契合度很高的组合。店面的一楼分别是自行车店和蓝瓶咖啡的点餐台，它们各占一半，二楼则设计成安静轻松的咖啡空间。

左上/咖啡拿铁和使用“都松庵”的豆馅制作的红豆核桃黄油三明治。

左/创业至今百余年里，挂在外墙上的实物自行车一直是辻森自行车商会的象征。完成建筑改建后，它依然是十字路口的标志。

menu（不含税）

美式咖啡 450日元

拿铁咖啡 520日元

蓝瓶羊羹 300日元

红豆核桃黄油三明治 450日元

蓝瓶咖啡 京都六角店

京都市中京区东洞六角上三文字町226-1

无电话

9:00—19:00

年底、年初休息

地铁乌丸线“乌丸御池”站下车，步行7分钟。

咖啡台四周的土墙遇到雨天便会吸收湿气，并肉眼可见地膨胀起来，待到晴天又会释放湿气、恢复原状。在这样的环境下，为了保证咖啡味道不受影响，据说每天早上咖啡师都要花费一小时进行严格的调试。

京都六角店限定的蓝瓶羊羹和红豆核桃黄油三明治，是与附近的豆馅店、面包店联名开发制作的。由于蓝瓶咖啡不断思索“对地域而言，我们的存在有何意义”，并且在与人们日复一日的交流中增进了了解，附近的居民也渐渐喜欢上了这里。当然，自行车店的老板是每天必来喝上一杯的。

第5章

甜美的岁时记

不论是日式甜品，还是西式甜品，喜爱甜品就如同喜爱周而复始的四季。在古建筑的咖啡馆里，精致美妙的甜品正恭候着您的光临。

优美高雅的“迎宾室”。建筑及家具都是京都市指定的有形文化遗产。

31

甜品咖啡长乐馆

在『烟草王』的名建筑里
享受百年下午茶

八坂神社

圆山公园里，由京都的守樱专家们精心养护的垂樱家喻户晓。在垂樱的不远处，高高耸立着一座名为“长乐馆”的建筑。在漫长的岁月里，它一直默默地陪伴着有90年树龄的二代垂樱以及超过200年树龄的初代名樱。

长乐馆是“烟草王”1909年建成的3层洋馆。若是您打算来这座名建筑里的咖啡馆小坐，不妨出发前先预约一份双人下午茶。在极致优美的专属空间——“迎宾室”里，您可以一边享受下午茶，一边领略长乐馆的奢华与气派。要知道，这座建筑在明治时代可是有“西之鹿鸣馆”[1]之美誉的名馆啊！

迎宾室内，巴卡拉品牌的枝形吊灯从天花板垂下来，来自名窑赫伦和大仓陶园的成套食器、银制刀叉等整齐地摆放在餐桌上。被引导至餐桌前落座的一刹那，我的心脏不禁兴奋得咚咚直跳。

特别值得注目的是放在餐前酒玻璃杯下的杯垫。它原封不动地沿用了长乐馆第一代馆主村井吉兵卫推广的“村井香烟”的包装设计。这个包装在当时曾大获成功，我端详上面时髦而讲究的图案，眼前似乎浮现出了当时的光景。

无论是实业家吉兵卫的人生，还是长乐馆百余年的命运，无不是跌宕起伏，极富戏剧性。强烈的好奇心让我涌起阵阵“想当成电影来看”的欲望。我想象着精心装扮的绅士和淑女们在明治时代的长乐馆里谈笑风生，想象着喜爱的演员扮演剧中主人公表演的情景，下午茶的乐趣也因此更加丰富多彩。

吉兵卫出生于京都贫苦的烟草商家庭。他投身当时尚未纳入政府专卖制度的烟草制造行业，作为“引领潮流的村井”大获成功。他之所以能在与同行业者的激烈竞争中领先，除了凭借亲赴美国直接进口烟草，快速引进欧美最新技术等革新措施，还通过富有魅力的包装设计以及新颖的广告宣传来提升产品吸引力。

1904年，日本的《烟草专卖法》实施，民间制造烟草的时代宣告结束。吉兵卫将烟草事业出售给政府，获得巨额补偿金，同时设立了村井银行。此外，他还积极涉足丝线制造等事业，创建了村井财阀。

1 鹿鸣馆：日本明治维新后在东京市中心建造的一所类似沙龙的会馆，专供当时西化的达官贵人在其中聚会。它建成于1883年，整体建筑呈现新巴洛克风格，1940年被拆除。

优雅的下午茶。杯垫的设计来自村井香烟的包装盒。在摆满自制的甜品、司康、咸派等迷你小食的台架上，自然少不了英式下午茶不可或缺的火腿黄瓜三明治。

长乐馆正是当时为村井吉兵卫建造的别墅。工程于1904年开始，其间因战争中断。最终，这座耗时5年才完成的极尽奢华的洋房，也同时扮演了接待政治家和外国来宾的迎宾馆角色。

1926年吉兵卫去世，次年昭和金融危机爆发，村井财阀破产。

长乐馆被出售，转入他人之手。第二次世界大战结束后，它还一度被进驻日本的联合国军队接管。1954年，将土地和建筑一同买下的土手富三成为新主人。他深深迷恋上了已经荒废的长乐馆，花了5年时间终于从所有者手中将其接管过来。

将遍身油漆痕迹的长乐馆复原成往昔的华丽景象，是件困难重重的大工程。土手根据村井吉兵卫留下的黑白写真集以及前任所有者的家人提供的信息，对长乐馆进行了精心的修复。

现在，我们得以欣赏到的彩色玻璃等物品，都是长乐馆初建时的原物。从枫木公司特别定制的家具也原样保留着。

（从上到下）

1.每个房间里的枝形吊灯都形态各异。

2.二楼吸烟室里摆放着螺钿工艺的大理石长躺椅。

3.供人们打台球、娱乐消遣的戏球室。彩画玻璃是建筑竣工时的原物。

4.楼梯扶手上的灯饰熠熠生辉。

左上/装点在玄关大厅等处的村井家家纹“丸三柏”。

右/由枫叶公司生产的带穿衣镜的家具。

馆内每个房间的建筑风格都大相径庭，既有厚重古典的英式大厅及精美的木雕楼梯，也有铺满伊斯兰风格的几何图案瓷砖的吸烟室。

品尝下午茶的迎宾室则是优雅的洛可可格调，据说其以前是专为招待贵夫人而设的接待室。

menu（含税）

长乐馆原创混合咖啡 900日元

长乐馆混合茶 900日元

拿破仑蛋糕 1430日元

炖牛肉套餐 3000日元

下午茶套餐（限迎宾馆）4400日元

※另加收10%服务费

甜品咖啡长乐馆

京都市东山区八坂鸟居前东入圆山町604

电话：075-561-0001

11:00—18:30（18:00结束点餐）不定期休息

阪急电车“京都河原町”站下车，徒步15分钟。

32

村上开新堂咖啡馆

闪耀在京都最古老西点店里的新咖啡馆之光

寺町通二条

● menu（含税）

开新堂混合咖啡 750日元
大吉岭红茶 750日元
烘焙点心组合 900日元
咖啡馆限定甜品套餐 1200日元
好事福卢 508日元

● 村上开新堂咖啡馆

京都市中京区寺町通二条上东侧
电话：075-231-1058
10:00—17:00（16:30结束点餐）
每月第三个周一及周日、节假日休息
地铁东西线“京都市役所前”站下车，步行4分钟。

创建于1907年的“村上开新堂”据说是京都最古老的西点店。店铺后面的居住区经过改建，现在已作为咖啡馆开放。在这里，新旧时代的美味与建筑相映成趣，客人可以在这里度过梦幻般的时光。

坐落在寺町路上的分店竣工于1935年，庄重典雅的店面颇具风韵，连作家池波正太郎[1]也被它吸引，在昭和末期出版的随笔中写道“简直是绝了”。

他还写道：“唯有此处才重现了日本的繁荣盛世。那是低调内敛的花砖3层建筑，橱窗下半部铺的都是大理石。”（《昔日的味道》，池波正太郎）

池波在冬夜里饮完酒后，喜爱点这里的“好事福卢”收尾。“好事福卢”是用和歌山有田橘子做的季节限定的果冻，它和收到预约后才一片片手工制作的曲奇一样，都是长年深受食客喜爱的极致真诚和朴素的美味。

我一面欣赏着排列在陈列柜里的各式点心甜品，一面向店铺后面走去，洗练讲究的咖啡馆就在坪庭对面。

第四代店主村上彰一为了让老字号焕发出新活力，2017年改造了家族世代居住的家宅。他将榻榻米换成白木地板，并置办了用日本古来的锡材料制作的桌台，还本着“日本家屋自古以来的妙处要保留”的准则，将聚乐壁、天井、栏间等都原样留存下来。

村上说：“希望客人们在放松休息的同时，也能感受店铺历久弥新的生命力。”顺带提一句，咖啡馆限定的法式熔岩巧克力蛋糕是绝品！

1 池波正太郎（1923—1990年）：第二次世界大战后日本时代小说、历史小说的代表人物，作为美食家和电影评论家也享有盛名。其代表作有《剑客生涯》《鬼平犯科帐》《杀手·藤枝梅安》等。

左上/咖啡馆的甜品都是年轻甜品师们瞄准“大众普遍能接受的美味”而开发的新产品。法式熔岩巧克力蛋糕中的可可香浓醇厚，是适合成年人的口味。

右上/在饱经风雨的店铺后面，是现代感十足的咖啡馆。

右下/摆放在咖啡馆里的家具，以凯·克里斯蒂安森(Kai Kristiansen)的椅子及其他20世纪50年代的旧物居多，它们与古老的日本家屋浑然一体。

33

步粉

东京深受喜爱的烘焙糕点名店迁址京都

大德寺

由司康、豆乳葛粉糕和每月更新的蛋糕组成的甜品S套餐。

在这个世界上，有一些人似乎长着“绿色”的手指。他们特别擅长园艺，植物到了他们手里，好像被施了魔法一样，长得又健康又茁壮。按此说法，“步粉”的店主矶谷仁美大概是拥有神灵赐予的“褐色”手指吧。因为只要经过她手，再朴素的烘焙糕点都会焕发出光彩，变得特别美味。

东京惠比寿，在步粉店内乳白色的窗边，我至今难以忘记初次品尝甜品套餐时的感动。套餐包含多种烘焙糕点组成的拼盘和红茶，其中的招牌全麦粉司康尤其让人记忆犹新。它不仅外表香酥松脆，口感愉悦满足，而且精选的面粉醇厚又筋道，随着每次咀嚼，美妙的滋味在口腔中不断绽放，回味无穷。

● menu（不含税）
咖啡 620日元
壶装茶 740日元
甜品S套餐 1900日元

● 步粉
京都市北区紫竹西南町18
电话：075-495-7305
10:00—18:00（17:00结束点餐）
※休息日变更等信息，请参见官网News栏。
地铁乌丸线“北大路”站下车，徒步20分钟。

改建时涂刷了红壳的建筑外观充满了日式韵味，但进入店内却是十足的洋式空间。厨房的推窗让人回想起惠比寿时代的店铺，因此深得老顾客喜爱。土墙有一部分是矶谷亲自涂刷的。

店铺赢得了众多粉丝喜爱，然而由于突如其来的建筑物被拆，它不得不在即将迎来建店十周年之际遗憾关闭。矶谷随后赴美国波特兰学习语言，并有幸在世界知名的餐厅潘尼斯之家（Chez Panisse）实习了一年。

2018年，矶谷结束三年充电期，在京都重开步粉新店。她改造了一个有80年历史的2层仓库，再现昔日步粉惠比寿店柔和的乳白色空间。

通过在波特兰和潘尼斯之家的学习体验，矶谷意识到“地产地销”的重要性，故开始尽可能多地使用日本国产食材制作糕点。她还改进了红豆馅的制作方法，让豆子的味道能够提取得更充分。

伴随着矶谷的成长，烘焙糕点扎实饱满的美味中又增添了几分光润，变得越发诱人，从远方慕名而来的粉丝与日俱增。

提到京都的古民宅改建，人们通常想到的是用现代技术翻新古老的町家。然而若是有人恰好相反，使用江户时代以前的传统建造法，重建有50年历史的昭和老宅，结果会怎样？

做这般尝试的是“狐庵”——一家可以自由组合日式点心与日本酒或咖啡的稀有小店。

对于为何将2层建筑改造成风雅的喫茶空间，店主真秀说：“我希望向祖先及过去的时代致敬，追溯生活的记忆。”

为改建来帮忙的，算上朋友、熟人多达50位。大家先将入口处的墙壁凿开，用竹子和粗绳编制的竹小舞填充墙底。然后夯实原土，涂上红壳，最终完成土墙。

34

狐庵

尽情享受昭和家宅里的日式点心、日本酒与咖啡

大德寺

前庭里铺满了脚踏石、菊花炭和白色沙砾，荡漾着宛如茶室庭院一般的风情。

“喫茶去莫如喫茶狐。”

身着和服的店主真秀手持狐狸面具，露出微笑。每当暮色降临，落日的余晖便洒落在昏暗的店里，折射出复杂而神秘的光影。此时，隐形的妖怪们也许已偷偷潜入店内，开始纵情地舞动摇摆。[1]

我一面品尝从真秀所仰慕的日式点心铺“啸月”和“聚洸”定购的上生点心[2]，一面浅酌他推荐的日本酒，沉醉在微醺的心境里。

在用枫木制作的长柜台正中，有一条用石灰涂成的纯白色带，它被视为分隔此世与彼世、现世与幽世的河川。在店主与客人隔“河”相向，尽情说笑的时间里，旁边的客人也自然加入交流中。

左页/搭配日式点心的日本酒，主要是用京都产的祝米制作的“祝藏舞”等京都酒，由京丹后市的竹野酒造生产。店内同时还准备了咖啡和无农药宇治茶。

右/为了收集旧建材，店主去祇园的茶社帮忙拆解店铺，拿到了转让的物件。古旧的建材和高高支撑着天花板的裸露钢筋形成有趣的反差。

● menu（含税）

无固定餐单，请从咖啡、日式点心和京都酒这三类中择喜好下单。

例如：咖啡拿铁 700日元
招财猫最中[3] 400日元
咖啡拿铁和招财猫最中 1000日元
日本酒 600日元不等

● 狐庵

京都市北区紫野上门前町66
电话：非公开
15:00—21:00
每周二、三休息
地铁乌丸线“北大路”站下车，步行20分钟。

1 在日本文化中，白天与黑夜相交替的黄昏时段被称为“逢魔时”，即妖魔、幽灵等魔物最容易出现的时段。
2 日式上生点心：经过蒸制的日式点心，是日式生点心的一种，常用于茶席。
3 最中：在用糯米粉做的薄脆煎饼里夹馅料的日本传统点心。

35

梅园茶房

老字号甜品店的日式创意点心『装饰羊羹』的四季

西阵

menu（含税）

咖啡 600日元

焙茶 580日元

装饰羊羹（柠檬味）350日元

装饰羊羹（豆沙味）350日元

装饰羊羹（红茶味）380日元

梅园茶房

京都市北区紫野东藤森町11-1

电话：075-432-5088

12:00~18:00（17:30结束点餐）

不定期休息

地铁乌丸线“鞍马口”站下车，步行17分钟。

左页/柠檬味装饰羊羹。店主挑选的粉引高脚盘是居住在京都的器皿作家高木刚（Takagi Go）的作品。仅限桃子最美味的时节推出的“蜜桃小豆团子刨冰”也很受欢迎。

右/一楼展示柜里的装饰羊羹有四角形的基本口味和圆形的季节限定口味两种。店内装修也为了衬托这个有魅力的古董展示柜而设计。

在粉引[1]高脚盘里，放着一块充满创意的日式点心“装饰羊羹”。它水润滑弹的外表泛着淡淡的光泽，让见到它的人为之心动。

这款点心由“梅园”年轻的第三代店主创作。它有着比普通羊羹更轻盈、比水羊羹更绵密的全新口感。“梅园”是1927年创业的甜品店，因御手洗团子[2]的美味而远近闻名。

“装饰羊羹”用寒天和蕨粉使豆馅凝固，再加入应季的水果。它那宛如法式点心一般的形态和风味，令人赏心悦目。

“我想将日式点心的魅力，展示给那些不熟悉它的年轻人。”在店主的心愿下诞生的装饰羊羹，可以在2016年开业的“梅园”新店“梅园茶房”品尝到。在这个由西阵的百年町家改造的小咖啡馆里，您可以选择点上一杯煎茶或红茶，然后细细端详装饰羊羹新颖别致的外观，再慢慢品味浓缩在其中的香气和独特的口感打造的小宇宙。

比如，畅销不衰的柠檬口味是在白芸豆馅的甜味中加入了些许柠檬酸味，是一种高雅而清爽的甜品。装点在顶部的鲜奶油、酸橙和焙茶，让每一口的味道都带着新鲜感。装饰羊羹不仅有覆盆子、可可豆等在日式点心中并不常见的口味，还有樱花、杧果等丰富的季节限定口味。

午后天气微阴，柔和的光线洒落到天窗上，微风从半开的窗户徐徐吹进来。“入夏以后还能听到风铃声，不知是从哪里传来的。”我听着店员的话，似乎闻到了儿时暑假的傍晚那令人怀念的气息。

1 粉引：一种源自朝鲜半岛的制陶技术，在胎土表面喷白色化妆土，低温加固后再涂上草木灰釉。

2 御手洗团子：日本传统点心。做法是将几个糯米粉做的小丸子穿在竹签上，然后在其表面刷上用酱油和砂糖熬成的黏稠酱汁。因形似京都下鸭神社纠之森旁御手洗池中的小水泡而得名。

36

万治咖啡馆

从160年历史的祇园人气木炭店到端庄的咖啡空间

祇园

menu（不含税）

咖啡 700日元

抹茶（附小点心）900日元

茶香布朗尼 700日元

应季甜品&抹茶套餐 1400日元

万治咖啡馆

京都市东山区祇园町南侧570-118

电话：075-551-1111

11:00—18:30

每周二、三休息

京阪本线“祇园四条”站下车，步行4分钟。

下/颇受欢迎的蒙布朗蛋糕在接到订单后才完成制作。

右/店主父亲心仪的“三浦照明”，做工细致，这家店在不显眼的地方也施以精致的装饰。

在花见小路的入口，矗立着一面独具风韵的红壳大墙。说到这面墙，就不能不提祇园最有代表性的茶屋“一力亭”。

文久元年※，一个叫杉浦万治的人从“一力亭”分家出来，在径直向西的胡同的拐角处经营起了木炭店。此人的名字便是日后“万治咖啡馆”的店名由来。

2017年，由木炭店所在的町家建筑改造而成的“万治咖啡馆”开业。店主北尾贵代子的父母曾在这里居住。父母相继去世后，她在整理仓库里的遗留物时，产生了开咖啡馆的念头。

在这些物品中，承载了对祇园无限热爱的祖父杉浦万治以及为保护祇园景观倾尽全力的父亲的生命历程，也饱含着家族160载的珍贵记忆。“我想，祖父收集的茶碗、挂画难道就这样尘封在仓库里不见天日吗？这样下去，这座世代传承的家宅恐怕再也无望传给下一代了吧？”店主说。

北尾结婚后曾和丈夫经营过西点店，于是她重操旧业，开发出咖啡馆使用的甜品以及曲奇等伴手礼产品，同时着手改建已经老朽的家屋。

担任改建设计的是住在京都的建筑家木岛彻（Tetsu Kijima）。完工后的L形咖啡馆端庄沉稳，从窗口向外望去，两个坪庭秀美的景色尽收眼底。

“无论如何都想留住玄关原有的老样子，所以干脆把门口的木地板整块留下来了。”

北尾说她自己是土生土长的祇园人。我一边体会着她寄托在这座家宅里的情思，一边有滋有味地品尝起了刚刚做好的蒙布朗蛋糕。

※文久元年：1861年。（作者注）

37

祇园小森

白川畔

有70多年历史的茶屋旧址

祇园

左/蕨饼使用每天清早现和的纯粉制作，刚做好时软糯弹牙，口感愉悦满足。这充分证明，使用优质食材，不偷工减料，就能做出美味的食物。

要说京町家的代名词，毫无疑问是窗户上的格子。它通风透光，又巧妙挡住外界的视线，是兼具功能性和设计性的生活智慧的结晶。

在京町家的窗户上，还有一个必不可少的物件，那就是遮挡阳光和保存温度的竹帘子。在祇园新桥一带，现在还保留着江户末期以后建造的茶屋。这些茶屋的窗户格子上依然保持着挂竹帘子的传统，无论冬夏。

坐落在新桥旁边的“祇园小森”是1998年开业的甜品店，由战后不久建造的茶屋改装而成。

“茶屋的老板娘是我祖母的姐姐。”店主说。老板娘去世后，店主仅改造了厨房，其他基本原封未动，便开始了甜品店的经营。

从一楼靠里的客厅，可以眺望绿意盎然的坪庭和水光潋滟的白川。阳光透过树叶间隙映在纸拉窗上，景象格外美丽。

我穿过暖帘进入店内，仿佛倏然间置身于另一个世界。通向后面的走廊幽暗狭长，日式房间大小各异，波光粼粼的白川水面隔窗可见。

据说在甜品店的客人里，不乏曾在茶屋时代造访过的老顾客。“这样的客人，多数会在临走时随口说出过去的记忆。”

看到这依然如初的店面，不知他们有何感想。要说这些年的变化，无非是门口那棵不断长大的柳树因为有倒下的危险给砍倒了而已。

每逢休日，前来品尝刨冰和蕨饼的游客们总会在暖帘前排起长队。近来我对此已习以为常，只当它是平常光景了。

上/描金装饰架被保存在二楼房间里。

右/二楼的日式客厅仍是茶屋时代的样貌，从楼梯扶手也可窥见昔日精巧的建筑技艺。

下/毗邻祇园新桥的地段位置绝佳。石阶铺成的新桥街道被指定为“重要传统建筑群保存地区”。

menu（含税）

热咖啡 750日元

绿茶 850日元

蕨饼小豆汤 1050日元

小森豆沙水果凉粉 1250日元

抹茶蕨饼 1550日元

祇园小森

京都市东山区新桥通大和大路东入元吉町61

电话：075-561-0504

11:00—20:00（19:30结束点餐）

周三休息（节假日营业）

京阪“祇园四条”站下车，步行5分钟。

38

火里莲花

在潜藏于秘巷深处的町家埋头阅读

乌丸御池

上/人气产品“醇厚抹茶牛奶蛋糕”用大米粉、鸡蛋、三温糖、京都产抹茶和白巧克力等材料制作。在大米粉特有的软糯口感的衬托下，抹茶浓郁的香味回味无穷。

● menu（含税）

混合咖啡 660日元

自制柑橘汁 660日元

醇厚抹茶牛奶蛋糕（配抹茶酱）880日元

香料肉碎咖喱 1320日元

● 火里莲花

京都市中京区柳马场通姉小路上柳八幡町74-4

电话：075-213-4485

12:00—18:00（17:00结束点餐）

每周二、三休息+不定期休息

地铁乌丸线·东西线“乌丸御池”站下车，步行18分钟。

不会就是这里吧？我走在狭窄的小巷里，感受着来自两侧房屋咄咄逼人的压迫感，心中暗暗踌躇。所幸走不多远，便看到了装着虫笼窗的咖啡店和像小广场一样的空地。在咖啡店前面的水井上，还留存着生了锈的压水手柄，让我想起昔日街坊邻里共用一口水井的情景。

这里是“火里莲花”咖啡店，是旧町家改建咖啡店的典范。自2007年开业以来，它得到了日本全国乃至全亚洲的广大游客的喜爱。

现在的老板原本是店里的资深员工，她于2015年接过经营的接力棒，成为咖啡店第二代女老板。她总是把历经沧桑的町家打扫得一尘不染，还不断更新餐单，让它更加讲究。

每到秋冬，店里的灯油炉便被点燃，橙色的小火苗透过窗口，将光亮传递到幽暗的小巷里。而店里的客人们则在火苗的守护下，享受着最美好的阅读时光。

第6章

相遇与再发现之所

咖啡馆犹如开启通向未知世界大门的文化装置。让我们走进古建筑中的咖啡馆，遇见崭新的世界，或是追忆遗忘的昔日世界……

39

星尘（STARDUST）

引导我们想起身体里住着星星的美丽咖啡馆&售卖店

紫竹

上/美味的蛋挞仅使用了植物性原料，每位客人都可以放心品尝，蔗糖和枫糖浆的自然甘甜能凸显食材本来的味道。未经烘烤的生蛋糕也很受欢迎。

若是用颜料画出京都市街的地图，大概无论是谁，都会先在正中画一个蓝色的大大的Y字代表鸭川吧。

然后，如果是我，会在Y的左肩一带涂上紫色。那里紫野某某町、紫竹某某町等街名一个连着一个。

那一带在平安时代曾是紫草、紫竹随风荡漾的草原，不过现在已变成了举目老房的闲适的住宅区。虽然交通谈不上多便利，但近年来小巧的饮食店和商铺相继出现，对喜爱咖啡馆的人来说，那里已成为充满新发现，刺激感性的漫步街区。

坐落在街区一角的“星尘”在2015年开业。它仿若一位气质独特的明星，在蓝紫色的暮空里发出璀璨的光芒。

“You are stardust on the earth - a beautiful little piece of universe（你是人间的星尘，宇宙中的美丽碎片）。”

这是“星尘”通过咖啡馆、售卖店和展廊，向我们发出的喃喃倾诉。

在“星尘”古老的町家建筑入口，一块生锈的金属板立在墙角，上面只贴着一张明信片。这样低调的姿态，大概只有头上插着感知美物的天线的人走在街上才能注意到吧。

店主清水香那告诉我，这座建筑大约有90年历史，是四轩长屋中的一间。

“这样的建筑样式叫作‘织屋建’，四间屋子以前都是机织工厂。”

听到这里，我恍然想起此处正好位于西阵[1]附近。“织屋建”与通常的京町家结构相反，靠里面的空间是被称为“织场”的宽敞车间。为了放置较高的织布机，房屋被建造成梯井格局。

清水说，蜡烛台上的美丽矿石“好像绽放着石头的光芒”。右图中的装饰物用已坏损的带玻璃球的葡萄酒瓶塞做成。

1西阵是日本高级织物“西阵织”的发源地，是织物产业集中的地域。

清水与这座町家在奇妙的机缘中相遇。当时她和朋友一起去画廊看亚当·席尔瓦曼（Adam Silverman）的作品展。她首次向朋友公开了自己的计划："我要开家店，正在找房子。"画廊主人随即搭话道："隔壁的房子正空着呢。"于是，那里就成了现在"星尘"的场所。

"看房子的时候，我觉得古老的土墙看上去好像宇宙、星空一样，特别漂亮。"

灵感的火花如闪烁的星光一般喷涌而出，清水和建筑师共同打造出充满质感的空间，于当年7月7日开始营业。原本是织场的咖啡馆里保留着古老的土墙，售卖店的墙面上则贴着蓝紫色的和纸。

左/由矿石、羽毛和可置于掌上的袖珍图书组合成的装饰小品。

下/从各处收集来的古董家具。其中以日本物件居多。

售卖店里摆放着与“星尘”的世界观相通的服装、饰品、食器等，吸引了众多顾客。

现在，咖啡馆采取预约制。我坐在靠窗的桌席旁，品尝着不含乳制品和鸡蛋的水果挞以及从法国里昂采购的果味茶“CHA YUAN”。

舒缓平静的音乐飘荡在耳边，小巧的吊灯从梯井垂下来。店内随处可见日本国内外的设计师们创作的艺术品，有银色的刀叉、有蜡烛台上的矿物饰品、有玻璃罩里的水晶，还有花朵。它们在美丽的空间里与闪烁的星星交相辉映，彼此共鸣。

“地球上所有的物质，都是由发生超新星爆炸的恒星散落到宇宙里的元素构成的。人类的细胞也同样是由这些‘星星碎片’构成的。”——如果听到宇宙物理学家这样说，人们会做何感想？

我感到平静和自由仿若无数的流星群从天而降，落满了我的心田。

清水女士在丹麦的生态村访问时，曾游览过一个名为“星尘花园”的美丽庭院。在那里，她感到整个人都沐浴在幸福之中，脑海里随即闪出了这句宇宙物理学家的话。

在地球环境发生巨大变化，人们为此而不安的时代，这个空间让我们想起，在每个人的身体里都住着闪闪发光的星星。

清水在美国西海岸的伯克利生活了七年。在那里，有机食文化是日常生活中不可或缺的存在，街头随处荡漾着自由的空气。回到日本后，她在“3·11”东日本大地震后移居京都，重新找回了无拘无束的生活。

陈列在售卖店里的CHA YUAN果味茶。“这个品牌的创始人是位富有诗意的人，茶叶的名字不仅优美有意境，还让人联想到《空之构筑》等传说故事。”每个月的“新月市”还会引进“Millet”店中用石窑烤制的面包。

清水说，之所以世界各地的旅人都喜爱京都，在这里产生了各种美好的相遇，是因为这座城市重视继承传统文化，所以才具有持久的吸引力。

在“星尘”相遇的人们，也会在美丽的星光下相互吸引，产生心灵的共鸣吧！

● menu（不含税）

星尘咖啡 600日元
独创香草茶 700日元
热甜酒 750日元
生蛋糕 750日元
米粉胡萝卜蛋糕 750日元

● 星尘（STARDUST）

京都市北区紫竹下竹殿町41
电话：075-286-7296
11:00—18:00（请电话预约）
每周一、四休息
地铁乌丸线“北大路”站下车，步行18分钟。

40

寺町李青

散发着李朝[1]文化香气的古董和韩国喫茶空间

寺町丸太町

从现已不存在的原东京名店“茶房李白”转让过来的照明灯，在桌子上洒下柔和的光。

右页左上/韩国年糕和韩方茶。韩国年糕在艾草饼里加入了微微带甜的红豆馅。

右页右上/店内摆放着韩国的旧物件和杂货。

右页左下/黄铜器皿。

右页右下/这张桌子也是“茶房李白”曾经用过的。

1 李朝：1392—1910年，又称朝鲜王朝、李氏朝鲜，是朝鲜半岛历史上最后一个统一的封建王朝。

韓国工芸

我造访鸭川附近的“李朝喫茶李青”总店，已是十多年前的事情。

在高雅氛围的店内，摆满了李朝的家具及工艺品。这些物品不仅对茶道的发展产生过巨大影响，还曾深深吸引着日本民艺创作家及白洲正子[1]等有鉴赏力的专业人士。在家具的一个角落里，还摆放着现已消失的东京名店“茶房李白”的介绍册子。“李白”和“李青”两家喫茶店，通过优美典雅的李朝文物结下了情谊。

2017年秋，二号店“寺町李青”由2层仓库改建而成。相对于总店以韩式拌饭等主餐为主，二号店则主打韩国传统的茶饮和小食。

在安静沉稳的店内，我一边品尝招牌产品韩国年糕和漂着枣、莲子的韩方茶，一边和店主郑玲姬交谈。

“这座房屋大约是百年前建造的仓库，我和房东很早就认识了。”郑女士边说着，边拿出一盏美丽的和纸照明灯给我看。

“这是茶房李白曾经用过的。那边的桌子也是茶房李白出让给我的。”

想到对名店的记忆在这里得到了延续，一股暖流从我心底涌起。而更令我感慨的是，“寺町李青”继承的还不止这些。

店内用竹子制作的多屉柜格外引人注目，称得上美术馆级的名作。房东去世后，郑女士毅然将这个成为遗物的李朝柜子买了下来。“这个柜子，还有过去农家用于存放谷物的容器，都是宝物啊！它们都是二三百年前，人们为了获得每日维持生存的食物，一心一意地制作的。其根源深处的精神，是今天的物件所不可比拟的。”

1 白洲正子（1923—1990年）：日本散文家、古董收藏家、能剧演员，被誉为“日本历史上十位杰出女性之一”。

这个精美的竹柜原本为房东所有，现在则静静迎送着来喫茶的客人们。郑女士说："以前我老家也有很多李朝的东西，可惜我一直忙于带孩子无暇顾及。直到孩子长大、父亲去世以后，我才渐渐意识到它们的妙处。父亲曾说，李朝依然活在日本人的审美意识中。身为李朝后裔的我们对此毫无所知，实在是愚昧。我现在才终于明白了这句话的含义。"

郑女士已故的父亲是高丽美术馆※的创建者。虽然郑女士在日本出生长大，但是随着年龄的增长，她也渐渐意识到自己的使命，一直以女儿的身份，向京都传递着韩国文化的魅力。

郑女士钟情于鸭川秋天的风景，尤其喜欢黄昏。"大概是因为自己已进入了人生的黄昏吧。"她微笑道。

※ 位于京都室内的美术馆，主要从事朝鲜半岛艺术品的展示和研究。（作者著）

● menu（含税）

咖啡 600日元
韩方茶 700日元
禅食蛋糕 500日元
韩国饼 500日元
黑毛和牛五花肉三明治 1500日元

● 寺町李青

京都市中京区寺町丸太町下 下御灵前町633
电话：075-585-5085
12:00—18:00（17:30结束点餐）
周二休息
京阪"神宫丸太町"站下车，步行10分钟。

上/小巧的店标挂在饮茶所的屋檐下，闪闪发亮。意在通过商品、美食和观光重塑地域特色的D&DEPARTMENT，选择了寺院这个最能体现京都独特风貌的场所。

41

d食堂（D&DEPARTMENT KYOTO）

诞生在历史悠久的寺院里的创意店和咖啡店

四条乌丸

本山佛光寺是一座有400年历史的寺院。2014年，一家倡导长效设计[1]理念的店铺“D&DEPARTMENT KYOTO”在寺院的一角开业了。

走进敕使门，可见咖啡店“d食堂”和创意店分别位于院内巨大的银杏树两侧。店铺的外观与寺院浑然一体，以至于不走近细看便难以分辨。由此也看出店家对寺院恭敬的态度。

咖啡店所在的建筑是有140多年历史的原饮茶所。进入店内，只见同样陈设在创意店里的天童木工制作的低座椅子优雅地排列着。椅子之间还设有一个熠熠生辉的金色佛龛，上面供奉着鲜花。

“现在依旧每早例行法话，参加者主要是当地人。”店员说。我注意到，从佛教的教义到饮茶所的空间陈设，无不渗透着长效设计的理念。

1 长效设计：指不受流行影响的、可在人们日常生活中长期使用的优秀设计。

上/创意店在僧侣宿舍“和合所”的旧址上翻建而成。店内陈列的各种生活器物无不是扎根地域风土，展现功能之美的产品。它们所秉承的创造理念是，通过设计的视角，重新审视生活和观光。

● menu（不含税）

热咖啡 450日元
欧蕾咖啡 560日元
食堂蒸糕配咖啡 750日元
d&咖喱炒饭 1200日元
京都定食 1400日元

● d食堂（D&DEPARTMENT KYOTO）

京都市下京区高仓通佛光寺下 新开町397 本山佛光寺内
电话：075-343-3215
11:00—18:00（17:00结束点餐）
每周二、三休息
地铁乌丸线“四条”站下车，步行8分钟。

端坐在椅子上，我暗自惊喜这果然是把舒适合体的好椅子。有了它，即使是榻榻米房间，也能将腰腿从酸痛中解放出来吧。我一边感慨，一边津津有味地品尝了“津乃吉定食”。餐单上还排列着京都的乡土料理以及展现源远流长的饮食文化的“京都定食”。它们每月更换一次，并成为宣传京都的食物生产者、料理制作者及产品的窗口。

最近，明治初期创业的老字号“津乃吉”将手工制作的佃煮[1]以各种烹饪法进行再加工，制作成各种料理，再搭配主食和小菜，放入一个托盘内组成套餐。米饭使用的越光米也产自京都。套餐中的每道菜在餐单上都有细致的说明，对于客人提出的任何问题，曾亲赴食材生产地的店员都会给予热情解答。这个传承了京都老味道的套餐便是名副其实的“吃过才知京都味”。

1 佃煮：指一种传统的日本家庭烹调方法及用这种方法制作的食物。食材以海产品为主，也使用植物或菇类。在食材中加入酱油、调味酱、糖等炖煮而成，味道甘甜带咸，较为浓郁，通常用以佐饭。

42

绘本咖啡店Mébaé

有绘本专家相伴的咖啡店
大人们也阅读得津津有味

北大路大宫

上/洞本持有绘本专家和JPIC读书顾问的资格证。店内近700册绘本都装在他脑袋里，可随时准确应对各种提问。他还身兼关西日贩会会长、京都府书店商业组合副理事等职，是书店业界的引领者。

下/用小番茄和毛豆制作的“好饿的毛毛虫”惟妙惟肖，装点在餐品上很受欢迎。

这个据称“至少有50年历史”的町家以前是酱菜店。

● menu（含税）

热咖啡 500日元

水果茶（杏）600日元

可露丽 带鲜奶油 520日元

“好饿的毛毛虫”肉碎咖喱 880日元

厚蛋烧三明治 770日元

● 绘本咖啡店Mébaé

京都市北区紫野下门前町5-5

电话：075-493-5528

11:00—16:00

每周日、一、二休息

地铁乌丸线“北大路”站下车，步行4分钟；

公交车“大德寺前”站下车，步行3分钟。

新大宫商店街被称为京都市内最长的商店街。在静谧的街道一角，有一座用红壳涂墙的小巧的2层町家。

那是一家大人和孩子都能找到乐趣的“绘本咖啡店”。正当我站在店铺靠里的长书架前，打算选一册绘本作为旅行的纪念时，一位男士面带微笑地向我搭话道：

“您在找什么书？”

“给自己的书。”听到我似是而非的回答后，男士从经典名著到人气新作，仔细向我介绍了可供选择的书目。

这位男士有着一副亲切风趣的大叔形象，想必深受孩子和家长们喜爱。他便是“绘本咖啡店Mébaé”的店主洞本昌哉，同时也是以京都为主阵地的书店和文创店“双叶书房”的社长，有着90余年历史的书店老铺的第三代传人。

洞本说：“书店的工作就是把书和客人连接起来。”为此，他打造了这个将咖啡、文创杂物和书籍汇集在一起，任何人都可以自在看书的空间。

这个场所的目标是成为服务当地居民的书店。它的位置就在洞本出生长大的街道里，洞本以前的很多同学都住在附近。

话说回来，让持有绘本资格证的专家推荐图书所带来的幸福感，远远超过了我的预期。这大概是因为我们每天都面临着各种选择，已深感疲惫了吧。

最终，我购买了精美的科幻绘本——一部若非店主推荐无疑会错过的作品。每当在东京的家里翻开它，我都会回想起一幅温馨的画面。从“绘本咖啡店”窗口溢出的灯光洒落在黄昏的街道上，空气里弥漫着冬天的味道。

43

Café Bibliotic Hello!

京都古建筑咖啡馆的起点

乌丸二条

焗烤苹果佐冰激凌

“相对于室内面积，我更注重空间的体积。天花板要有高度才感觉舒适，但是过高又不够沉稳。大约六至八米最理想。”小山说。“Hello”的天花板最高达八米。原本在“Doji”店内扮演主角的巴厘岛老柚木家具，在这里也凸显出存在感。

在有130年历史的町家前，几棵葱茏的香蕉树沐浴在阳光下熠熠生辉。那是咖啡馆“Café Bibliotic Hello!”的标志之树。

您可以在午后来这里埋头阅读，也可以在盛夏的夜晚畅饮伏特加汤尼不醉不归。如果在旅行途中，能有一个像这里一样的地方，累了就去坐坐，便无异于出门在外有了护身符。

之所以在本书的收尾处介绍这家咖啡馆，是因为“Hello”是京町家咖啡馆的先驱，也是继承“CAFÉ Doji”基因的重要店铺。以前开在京都北山的“CAFÉ Doji”，是为当代日本咖啡馆发展奠定根基的名店之一。

店主小山满也告诉我，他离开工作了18年的“Doji”，着手独立经营咖啡馆时，“并没打算选择町家”。他西阵的老家就是经营带屋[1]的町家，对这类建筑，他已没有什么新鲜感。

1带屋：制作和售卖和服腰带的商铺。

不同的员工会为咖啡馆带来多彩的表情。2008年，有员工提出“想烘烤面包”，于是咖啡馆在旁边开起了面包店。2019年开始烘焙咖啡豆，在餐单上追加自烘咖啡，也是员工的建议。

但是，考虑到预算和改建的自由度，他最终仍不得不选择了当时尚未受到关注的御所南区的旧町家。据说他初次走进房屋时，友禅染色的道具、历代先祖的照片都原样保留在里面。

改建由日本美术大学毕业的小山亲自操刀设计。他只保留房屋的主体结构，花费了约半年时间进行大规模改建。其间，出现在榻榻米下面的明治时代报纸，成了家屋经历漫长岁月的见证。

小山为空间设定了三个要素，高度直达天花板的宽大实用的书架、可以容纳游客和当地居民坐在一起放松休息的大桌子，以及柴火炉。

随着这些设想一一变成现实，一座精致讲究的咖啡馆出现在世人面前。没过多久，“Hello”就成了日本全国闻名的人气店。

“Hello”门口的香蕉树是从“Doji”生机盎然的中庭转让过来的。今天，它们也敞开绿色的怀抱，热情地迎接着来客。

● menu（含税）

普通咖啡 490日元
茶拿铁 600日元
浆果或樱桃温蛋糕 710日元
三明治 930日元
带骨鸡肉蔬菜咖喱 1040日元

● Café Bibliotic Hello!

京都市中京区二条柳马场东入 晴明町650
电话：075-231-8625
11:30—24:00（23:00结束点餐）
全年无休
地铁东西线“京都市役所前”站下车，步行6分钟。

图书在版编目（CIP）数据

京都咖啡店的历史与味道：在43座古建筑里喝咖啡/（日）川口叶子著；王筱卉译.—武汉：华中科技大学出版社，2023.6

ISBN 978-7-5680-9327-9

Ⅰ.①京… Ⅱ.①川… ②王… Ⅲ.①咖啡馆－京都－图集 Ⅳ.①F719.3-64

中国国家版本馆CIP数据核字（2023）第053592号

京都咖啡店的历史与味道：在43座古建筑里喝咖啡

Jingdu Kafeidian de Lishi yu Weidao: Zai 43 Zuo Gujianzhu Li He Kafei

[日] 川口叶子 著
王筱卉 译

出版发行：华中科技大学出版社（中国 · 武汉） 电话：（027）81321913
华中科技大学出版社有限责任公司艺术分公司 （010）67326910-6023
出 版 人：阮海洪

责任编辑：莽 昱 谭晰月
责任监印：赵 月 郑红红 封面设计：邱 宏

制 作：邱 宏
印 刷：北京汇瑞嘉合文化发展有限公司
开 本：889mm × 1194mm 1/32
印 张：4.5
字 数：49千字
版 次：2023年6月第1版第1次印刷
定 价：89.00元

本书若有印装质量问题，请向出版社营销中心调换
全国免费服务热线：400-6679-118 竭诚为您服务